W0225553

Kunst und Geschichte

ASSISI

Texte
R. P. Nicola Giandomenico

BONECHI

© Copyright by CASA EDITRICE BONECHI
Via Cairoli 18b, Firenze (Florenz) - Italien
Tel. +39 055.576841 - Fax +39 055.5000766
E-mail: bonechi@bonechi.it - Internet: www.bonechi.it

Entwurf und Verlagsidee: Casa Editrice Bonechi
Verlagsdirektor: Monica Bonechi
Grafischer Entwurf: Marco Bonechi, Monica Bonechi *und* Serena de Leonardis
Bildforschung: Serena de Leonardis *und* Marco Bonechi
Redaktion: Patrizia Fabbri
Umbruch: Federica Balloni
Umschlaggestaltung: Manuela Ranfagni
Texte: R.P. Nicola Giandomenico
Übersetzung: Agnes Wolf Piancastelli für Studio Comunicare, Florenz
Zeichnung: Stefano Benini

Gemeinschaftswerk.
Alle Rechte vorbehalten. Der Nachdruck, auch auszugsweise, die Speicherung oder Übertragung dieser Veröffentlichung in welcher Form auch immer oder mit welchen Mitteln auch immer - elektronisch, chemisch oder mechanisch - mittels Fotokopien oder mit anderen Systemen einschließlich Film, Radio und Fernsehen, sowie mit Systemen der Archivierung und der Informationssuche, sind ohne die schriftliche Genehmigung des Herausgebers untersagt.

Der Umschlag und das Layout für dieses Buch wurden von den Grafikern der Casa Editrice Bonechi *erstellt und sind deshalb durch internationales Copyright und in Italien laut Art. 102, Gesetz Nr. 633 über das Urheberrecht geschützt.*

Druck in Italien
Centro Stampa Editoriale Bonechi - Sesto Fiorentino

Die von R.P. Gerhard Ruf, Paolo Giambone, MSA, Marco Bonechi *hergestellten Fotos sind Verlagseigentum der* Casa Editrice Bonechi.
Die Fotos auf S. 74 oben links, 75, 79 unten rechts und links, 101 unten, 120 oben rechts und unten stammen von Andrea Pistolesi.
Weitere Fotos wurden von folgenden Archiven zur Verfügung gestellt:
Ghigo Roli: *S. 11-16, 23, 28, 30-31, 36, 49-68, 72-73, 100 unten rechts und links, 101 oben rechts, 119, 124-125 und Bucheinschlag rechts, oben rechts und unten links und rechts;*
Massimo Sestini Fotogiornalismo*: Bucheinschlag rechts, die drei Fotos links von oben nach unten.*

ISBN 88-476-0423-0

***

Gesamtansicht von Assisi.

EINLEITUNG

Assisi ist eine kleine faszinierende Stadt, im Herzen des grünen Umbriens gelegen, mit einer bemerkenswerten Geschichte und einer religiösen Rolle auf internationalem Niveau.
Sie erstreckt sich entlang der Westküste unterhalb des Monte Subasio (einer der Berge der Appenninenkette), in etwas erhöhter Lage, beherrscht die davorliegende Ebene, die den Name Spoletos mitübernimmt und dehnt sich bis zu den Hügeln, auf denen Perugia liegt, aus und zeigt herrliche Ausblicke. Sie ist umgeben von fruchtbarem Land in der Ebene und dichtem Wald auf der Höhe.
Terrassenförmig angelegt und in Stein gehauen, erscheint die Stadt unter dem diaphanen Licht des umbrischen Himmels wie eine Vision des Friedens, eine Synthese zwischen den Wundern der Erde und dem Genie des Menschen.
Auf der Nord-West Seite erheben sich die Basilika des Heiligen Franziskus und die Klosteranlange. Im Zentrum und nach Osten hin stellen die verschiedenen Türme, der Rathausturm, die rötliche Farbe der Dächer und die rustikalen Mauern der Häuser ein Gesamtbild schlichter Schönheit dar.
Assisi ist faszinierend, weil es schön ist: schön aufgrund seiner dem Leben angepaßten Architektur, schön aufgrund seines urbanen Charakters, schön aufgrund seiner Heiligtümer und schön aufgrund der Gemälde der großen Meister des 12. und 13. Jahrhunderts.
Weiterhin ist die Faszination übersetzbar auf Erfahrungen des täglichen Lebens: die Stadt soll ein Ort des Friedens und der Ruhe sein, eine Oase des Geistes, ein Ort, in dem man die Ruhe des Gewissens wiedererlangen kann, ein heiliger Raum, in dem man sich aufhalten kann, um in sich selbst wieder aufleben zu lassen, was im Verschleiß des täglichen Lebens verlorenging um so wieder neuen geistigen Aufschwung zu finden.
Die besondere geografische Position, an der Mündung der Flußtäler und der Verbindungsstraßen mit dem Hinterland gelegen, sowie die bedeutende religiöse Rolle, die sich in verschiedenen Bereichen auf Weltniveau manifestiert, stellen Assisi außerhalb von Raum und Zeit, und schaffen eine Realität außerhalb der alltäglichen Wechselfälle des modernen Lebens mit einem idealen Klima, das geeignet ist geistige Werte wiederzuerlangen.
Der Name Assisi hat eine sehr beschränkte dokumentarische Tradition. Der Ursprung der Stadt verliert sich mit der Zeit. Geschichte: die Legende besagt, daß sie von Asius, dem Bruder der Königin von Troja erbaut worden sei. Ein großer Teil der Wissenschaftler glaubt, daß der Name auf «acu» zurückgeht, was Osten heißt, da die Stadt im Osten Perugias liegt. Dante hingegen glaubte, daß der Name «Assisi» auf das lateinische Wort «ascendere» zurückgeht, aufgrund des Lichtes, das sie dank der Figur des Heiligen Franziskus verströmte.
Die Stadt Assisi geht bis auf die präromanische Epoche zurück und war ein bedeutendes Zentrum der umbrischen Zivilisation. Sie wurde zunächst von Umbrern und später von Römern bewohnt, die ihr schon bald bemerkenswerte Privilegien verliehen.
Assisis Bekanntheit in der Antike geht vor allem auf die zahlreichen archälogischen Spuren zurück, und insbesondere auf jene der Architektur mehr noch als auf die der historischen oder literarischen Quellen. Letztere sind besonders arm an Nachrichten über die Stadt.
Die erste Erwähnung Assisis erfolgt durch Propertius, den berühmten lateinischen Dichter, der aus dem Zentrum Umbriens stammt. Um später den Namen Assisis wiederzufinden, muß man bis zur spätgotischen Epoche und bis zu den Ereignissen, die den Konflikt zwischen Goten und Byzanz betreffen, zurückgehen.

Im 3. Jahrhundert n. Chr. findet der christliche Glaube durch den Bischof Rufino Einlaß in Assisi.
Nach dem Fall des römischen Reiches erfährt Assisi Belagerungen und Zerstörungen mit der langobardischen Invasion Totilas, der karolingischen Eroberung und der Annektierung an das Fürstentum von Spoleto.
Zwischen 1000 und 1300 erhält die Stadt das Gesicht, das sie noch heute hat und verlebt eine wunderbare Epoche komunaler Freiheit. Im 14. bis 16. Jahrhundert wird sie von inneren Zwistigkeiten und erbitterten Kämpfen mit den benachbarten umbrischen Städten heimgesucht. Vom 16. Jahrhundert bis 1860 ist sie Teil des päpstlichen Staates und verlebt eine Zeit inneren Friedens in «tiefster Lethargie».
Zu Beginn dieses Jahrhunderts wird Assisi eine äußerst aktive Stadt auf dem Gebiet kultureller, ziviler und religiöser Initiativen.
Zur Zeit zählt die Gemeinde circa 25.000 Einwohner, von denen nur 6000 im Stadtzentrum wohnen, und ist Bischofssitz.
Aber die wirkliche Größe Assisis liegt in der Tatsache, daß hier Franziskus und Klara geboren wurden, und in der gesamten Bewegung, die sich daraus entwikkelte.

Seite gegenüber, oben: Das Pergament mit der von Franziskus verfassten Ordensregel. Unten ist das Siegel von Honorius III. erkennbar, mit dem der Papst die Regel bestätigte.

Seite gegenüber, unten: Der Segensbrief an Bruder Leo. Das Pergament wird in der Reliquienkapelle der Unterkirche aufbewahrt.

Die Kutte des hl. Franziskus.

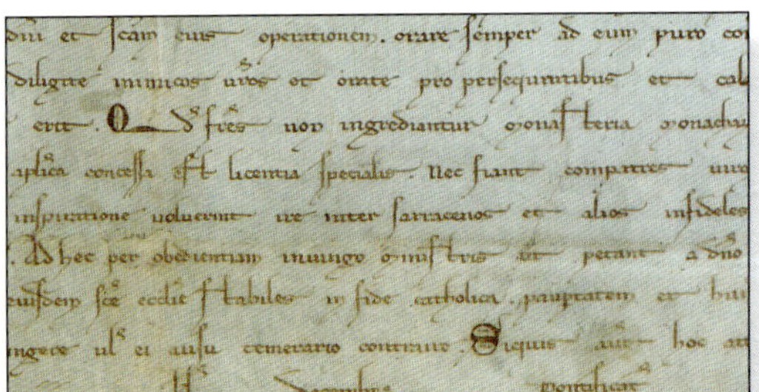

dni et scam eius operationem. orare semper ad eum puro co
diligite inimicos uos et orate pro persequentibus et cal
eos. Quod fratres non ingrediantur monasteria monachu
apostolica concessa est licentia specialis. Nec fiant compatres uiro
inspiratione uoluerint ire inter sarracenos et alios infideles
. Ad hec per obedientiam iniungo ministris ut petant a dno
eiusdem sce ecclesie stabiles in fide catholica. paupertatem et hu
ngere uel ei ausu temerario contraire. Siquis autem hoc at
iij Kl Decembris Pontificat

STUMME ZEUGEN

Assisi und der Heilige Franziskus bilden eine untrennbare Einheit. Es gibt wohl keinen anderen Ort, der wie Assisi so vom Geist des Heiligen durchdrungen ist. Es gibt viele Plätze, die davon Zeugnis ablegen: die Kirche von San Damiano, die Einsiedelei, der Dom von San Rufino, die Hütte von Rivotorto, die Porziuncola, die Basilika von Santa Chiara, die bischöfliche Residenz und der Gesamtkomplex der Basilika, der ihm zu Ehren errichtet wurde. In der Reliquienkapelle, in der Unterkirche des Heiligen gelegen, sind einige *stumme Zeugen* aufbewahrt, die sehr lebendig von ihm sprechen. Es sind historische Dokumente, die mit seinem Leben verbunden beredsam Zeugnis seiner Heiligkeit ablegen. Unter ihnen treten vor allem die Ordensregel, die Kutte, und die persönliche Segensinschrift an Bruder Leone hervor.

Die Ordensregel. Drei Jahre vor seinem Tod gewährt Honorius III. Franziskus mit der Bulle «Solet annuere» vom 29. November 1223 die Annahme der schriftlich abegefaßten Ordensregel. Diese Ordensregel wurde vom Heiligen Franziskus unter Mitarbeit des Kardinals Ugolino (dem späteren Gregor IX.) und einigen anderen Mönchen abgefaßt, in Kuriale auf Pergament geschrieben und mit dem päpstlichen Siegel versehen. Der Text ist in zwölf Kapitel unterteilt und beginnt mit folgenden Worten: «Die Ordensregel und das Leben der Minderen Brüder besteht darin, dem Heiligen Evangelium unseres Herrn Jesus Christus zu folgen, und in Gehorsam, ohne Eigentum und in Askese zu leben».

Die Kutte. Sie ist wohl das beredsamste Dokument, das den Stil des Lebens des Heiligen Franziskus beschreibt. Es handelt sich um einen Stoff aus Schafswolle, einen grobgewebten Stoff mit weißen und schwarzen Fäden, der insgesamt grau erscheint. Er zeigt klar die Loslösung von Irdischem und beschreibt die soziale Einstellung des Heiligen.

Die persönliche Segensinschrift an Bruder Leone. Sie wurde vom Heiligen Franziskus auf dem Alverner Berg für Bruder Leone, seinen Beichtvater, Sekretär und Krankenpfleger im September 1224, kurz nach der Stigmatisation, geschrieben. Einerseits enthält sie die Segnung aus einem Buch der Bibel, andererseits das Gebet der «Lobgesänge zum höchsten Gott». Das Pergament ist zerknittert und befleckt, da Bruder Leone es 47 Jahre lang ständig bei sich trug, von 1224 bis 1271, als er es im Angesicht des Todes dem Heiligen Konvent hinterließ.

DER HEILIGE KONVENT

Für den in Assisi Ankommenden eröffnet sich der erste Blick auf den Gesamtkomplex der Basilika vom unteren Platz aus, der von Arkaden gesäumt, um 1467 entstanden ist. Ein Zugang, der zur Begegnung mit dem Heiligen Franziskus einlädt. Von 1487 ist der aktuelle Stand des Pronaos, der mit seiner Inschrift an das Jahr und den General Francesco Sansone erinnert, der den Bau befürwortete. Das Portal hingegen stammt aus dem 13. Jahrhundert und wiederholt in spätgotischen Formen das Schema des Portals der Unterkirche. Im oberen Teil befindet sich eine Rosette.

Um die «Mausoleumskirche» herum, die den Körper des Heiligen bewahrt und ehrt, befindet sich der Wohnbereich der Mönche. Da die Franziskaner nichts besitzen durften, übernahm Papst Gregor IX., im Namen des Heiligen Stuhls, Schutzherrschaft und Eigentumsrecht sowohl über die Kirche als auch über den Konvent. Deshalb führte der primitive Konvent, der parallel zur Kirche selbst gebaut worden war, und die Mönche, denen die Basilika anvertraut worden war, beherbergen sollte, den offiziellen Titel eines Palastes. Und verschiedene Päpste haben sich auch hier aufgehalten.

Schon um 1230 wird vom ersten Kern des Konventes berichtet als eine Generalversammlung des Ordens stattfand. 1235 ist er teilweise fertiggestellt, d.h. die Nordseite, die Residenz des Papstes: Gregor IX. hält sich hier zum erstenmal auf.

Die ersten Räume des Konventes bewahren noch heute ihre Schlichtheit und Demut. In romanischem Stil und demselben Stein der Basilika errichtet, zeigt sich auch heute noch die Liebe zur Armut.

Ab 1363 wird der Ort «Heiliger Konvent» genannt: d.h. nicht irgendein Konvent, sondern der Konvent der Konvente, der Konvent der Kirche, der vom höchsten Pontifex «Haupt und Mutter» des gesamten franziskanischen Ordens genannt wurde.

Das heutige Aussehen des Komplexes wird im Laufe von zwei Jahrhunderten fertiggestellt und erhält sein definitives Aussehen Ende des 15. Jahrhunderts.

Im 14. Jahrhundert wird die erste Erweiterung auf der Seite, die der Ebene zugewandt ist, durchgeführt; veranlaßt von Kardinal E. Albornoz und ausgeführt von Niccolo da Bettona. Im 15. Jahrhundert läßt Papst Sixtus IV. die gesamte, der Ebene zugewandten Seite durch eine Struktur aus Arkaden verstärken. Von den 54 ausgeführten Arkaden dienen 27 um den unteren Platz der Basilika zu stützen und 27 zur Unterstützung des Konventes. Im Westen der Basilika läßt er außerdem einen großen Strebepfeiler mit Erweiterung der gesamten Zone errichten.

Der großartige Komplex erhält aufgrund des starken Gefälles den Charakter einer Befestigung, fast als Verteidigung der Kirche selbst und des Körpers des Heiligen gedacht. Hier steht die Wiege der Franziskaner. Die Minoriten, die hier leben, fühlen sich einem starken Glauben an das Evangelium, das vom Heiligen Franziskus von seinen Brüdern gefordert worden war, verpflichtet; und sie wollen bewußt Zeugnis ihrer Brüderlichkeit ablegen, indem sie ihr Leben dem Gebet widmen.

Einige innere Räume sind deshalb bewußt als Sammlungs- und Gebetsstätten angelegt worden. Unter ihnen fällt besonders der **Bogengang aus dem 13. Jahrhundert** auf, in romanischem Stil, mit einer perfekten Flucht gotischer Bögen, von wo aus man das herrliche Panorama des ganzen umbrischen Tales bewundern kann.

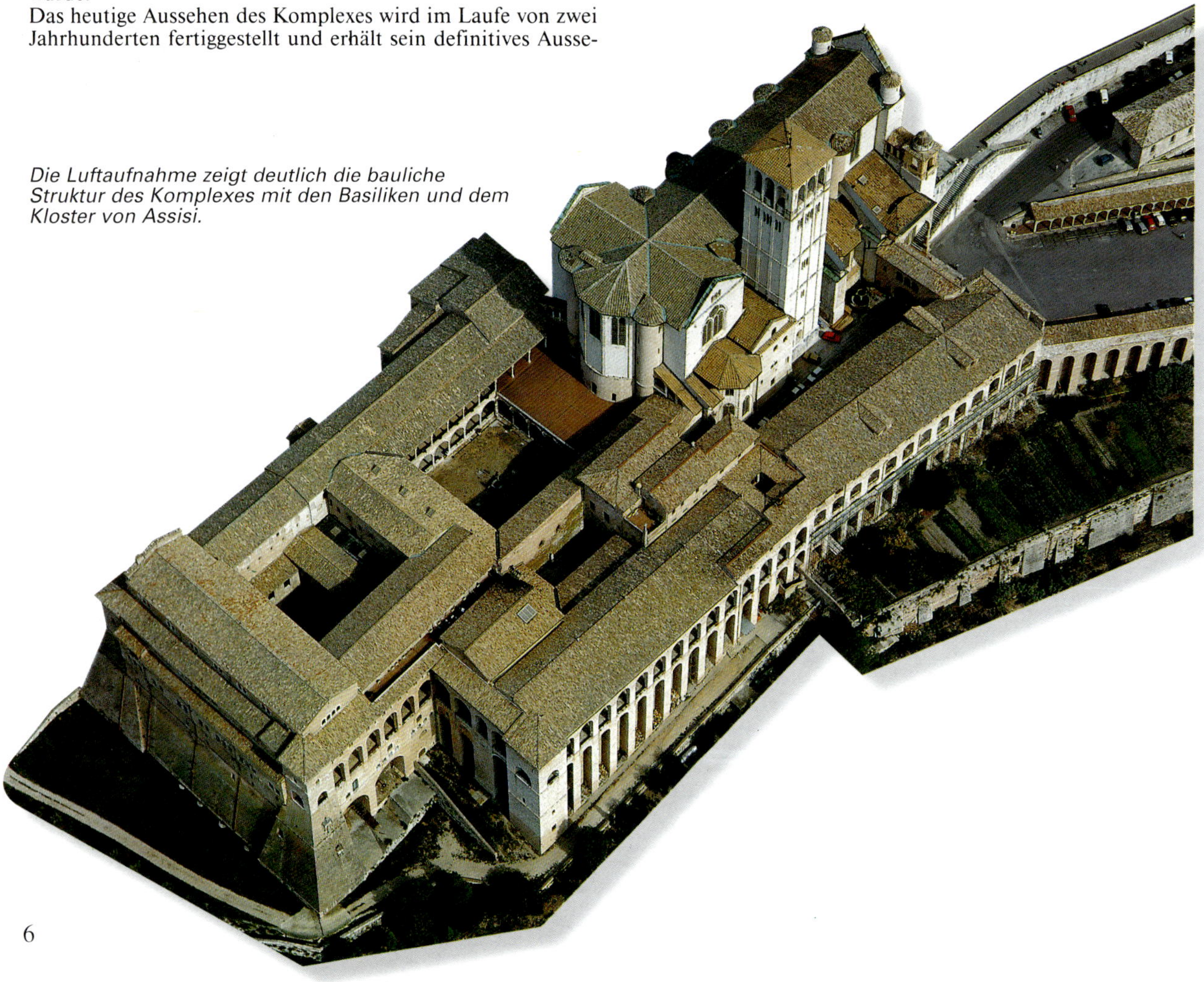

Die Luftaufnahme zeigt deutlich die bauliche Struktur des Komplexes mit den Basiliken und dem Kloster von Assisi.

DIE BASILIKEN

Der Gesamtkomplex der Basilika von Assisi ist auf der ganzen Welt berühmt aufgrund seiner wunderbaren Synthese zwischen Architektur, Malerei und vergeistigter Atmosphäre. Er stellt den Prototyp der italienischen gotischen Kunst dar, bewahrt Fresken der größten Maler des 12. und 13. Jahrhunderts, und strahlt dank der Präsenz des Heiligen Franziskus eine einzigartige geistige Anziehungskraft aus.
Die gesamte Konstruktion zeichnet sich durch eine klare Linienführung aus.
Der Architekt, Bruder Elia, entschied sofort mit einer neuen und kühnen Konstruktion eine zweigeschossige Kirche zu bauen, die die sterbliche Hülle des Heiligen Franziskus bewahren solle, und gleichzeitig für die gesamte Menschheit ein sicherer Hafen des Glaubens, ein geeigneter Ort des Gebetes und ein Ort der Wissenschaft und der Begegnung sein solle. Keine Kloster- oder Abteikirche, sondern eine Mausoleumskirche. Die Grundrißform der Kirchen sollte ein T darstellen, das Kreuz, das dem Heiligen Franziskus so teuer war und das das biblische Zeichen der Rettung darstellt.
Die Unterkirche, Krypta und massives Fundament des gesamten Gebäudes, sollte den Sarkophag des Heiligen aufnehmen, und wurde nüchtern, in Dämmerung getaucht und in reinstem romanischem Stil ausgeführt. Die Oberkirche hingegen hell und großräumig als Ausdruck der Freude und Dankbarkeit.
Die Ausführung des Baus beginnt am 12. März 1228 mit der Schenkung eines Grundstückes von Simone di Pucciarello zur Errichtung eines Gebäudes «*pro beatissimo corpore Sancti Francisci*». Das ursprüngliche Grundstück wird noch durch eine weitere Schenkung vom 31. Juli 1239 erweitert, in der schon auf eine «*ecclesia Sancti Francisci*» Bezug genommen wird, und wird vervollständigt durch den Ankauf von Gelände das schon von den Mönchen während der Arbeiten im Dezember 1246 besetzt worden war.
Die Wahl des Ortes fiel auf eine abschüssige und bewaldete Gegend, außerhalb der Stadt, die «Hügel der Hölle» genannt wurde, da dort die zum Tode Verurteilten hingerichtet wurden. Aber schon bald wurde der Ort in «Hügel des Paradieses» aufgrund der Präsenz des Körpers des Heiligen umbenannt.
Die Arbeiten wurden von Bruder Elia geleitet und von den Meistern Comacini ausgeführt. Papst Gregor IX. kanonisierte die Kirche am 16. Juli 1228 und am Tag darauf wurde der erste Stein gesetzt. Die Unterkirche war schon 1230 fertiggestellt, und am 25. Mai desselben Jahres wurde die sterbliche Hülle des Heiligen in die Kapelle des Heiligen Georg überführt. Am 22. April 1230 proklamiert Papst Gregor IX. mit seinem kurzen «*Is qui*» die Kirche als «Haupt und Mutter» des franziskanischen Ordens und stellt sie unter seinen persönlichen Schutz.

Der Komplex des Heiligen Konventes von Assisi mit der imponierenden Struktur der Strebebögen des XV. Jahrhunderts.

Auf den folgenden Seiten die Basilika des Heiligen Franziskus vor dem Piazza Inferiore.

1236 werden die tragenden Wände des Glockenturmes und der Oberkirche fertigestellt. 1253 wird die Oberkirche von Papst Innozenz IV. persönlich geweiht, da er sich in Assisi auf dem Rückweg von Avignon befand.
Weitere Arbeiten wurden im letzten Viertel des 15. Jahrhunderts ausgeführt und betrafen vor allem den Eingang und die Kapellen der Unterkirche. Alle anderen Teile blieben unverändert. Nur der Glockenturm, in wunderschönem romanisch-lombardischen Stil, 60 Meter hoch, verlor durch einen Blitzschlag die Turmspitze.
Zur Ausführung der Dekoration der Innenwände der Basilika wurden die größten Künstler der damaligen Zeit herangezogen: als erstes Giunta Pisano, dann Cimabue, die römischen Meister Cavallini und Torriti, und schließlich Giotto, Simone Martini und die Brüder Lorenzetti... mit einer Schar Schüler. Später folgten noch weitere Künstler wie Puccio Capanna und Andrea da Bologna. Im 16. und 17. Jahrhundert führten Dono Doni, Cesare Sermei, G. Martelli und Giacomo Giorgetti die Fresken der restlichen Wände aus. Zwar handelt es sich auch hier um authentische Meisterwerke, ihr Ruf wird jedoch in den Schatten gestellt durch jene «Großen», die ihnen vorausgingen.

Zwei Südansichten der Basilika des Heiligen Franziskus mit dem Eingangsportal zur Unterkirche.

Auf den zwei folgenden Seiten eine Gesamtansicht der Unterkirche gekennzeichnet durch die kalligrafischen Dekorationen der Bögen des Gewölbes.

DIE UNTERKIRCHE

Die einschiffige Unterkirche umfaßt vier Joche, die mit Kreuzrippengewölben überspannt sind, die auf kurzen halbrunden Pilastern ohne Basis aufliegen. Die Arme des Querschiffes hingegen zeigen Tonnengewölbe.
Das Auge des Betrachters wird zunächst vom *Hochaltar* gefangengenommen, der sich in der Mitte des Kreuzes über dem Grab des Heiligen befindet. Es handelt sich um ein Werk der Cosmaten: versehen mit 20 kleinen gotischen Säulen, und Kapitellen und Bögen, die mit Mosaik verziert sind. Die Mensa des Altares besteht aus einer durchgehenden Marmorplatte (3,80×1,80). Erhebt man den Blick über den Altar, so sieht man die Gewölbe: vier allegorische Gemälde befinden sich in den Ecken des Gewölbes. Nach Vasari wurden sie von Giotto ausgeführt. Heute schreibt sie die Kunstkritik einem Unbekannten zu, der «maestro delle vele» genannt wird. Sie zeigen die Verherrlichung des Heiligen Franziskus aufgrund der drei Gelübde, die von ihm praktiziert wurden: Armut, Askese und Gehorsam.
Hinter dem Altar befindet sich der hölzerne *Chor* (1468-1471), der von Apollonio Petrocchi da Ripatransone mit Hilfe verschiedener Meister ausgeführt worden war. Es handelt sich um eine hervorragende Zisellations- und Schnitzarbeit mit verschiedenen Figuren und Pflanzenmotiven. In achteckiger unregelmäßiger Form ausgeführt, enthält er zwei Reihen, die obere mit 31 Sitzen, die untere mit 20 Sitzen, und wird durch eine Balustrade geschlossen, die aus kleinen Säulen mit verflochtenen und mit Intarsien versehenen Bögen besteht.

INDVLGENTIA PLENARIA
QVOTIDIANA PERPETVA

·B·ANGELVS·

Das berühmte Kruzifix von Giotto in der Unterkirche.

Gegenüber, die Allegorie des Gehorsams (oben) und die Verherrlichung des hl. Franziskus an den Stichkappen des Kreuzgewölbes.

Die Allegorie der Keuschheit, Fresko des "Maestro delle Vele" an der zum rechten Querschiff weisenden Stichkappe des Gewölbes. Von links nach rechts sind erkennbar: Dante Alighieri, Fra Giovanni di Muro und die hl. Klara vor dem hl. Franziskus, die Personifizierung der Keuschheit (im Turm in Bildmitte) und, rechts, die Vertreibung der Dämonen.

·GLORIOS· FRANCISC·

MAESTA VON CIMABUE

Der Heilige Franziskus wird in der Basilika auf 91 Darstellungen gezeigt: 65 auf Fresken, 16 auf Glas, 6 auf Holz, 2 auf Keramik, 1 im Mosaik, 1 auf Bronze.
Von Cimabue, der sich um 1280 in Assisi befand, ist das einzigartige Meisterwerk im rechten Querschiff der Unterkirche: die sanfte und träumerische Madonna, die auf einem königlichen Thron sitzt und von vier Engeln flankiert wird. Links befand sich wahrscheinlich die Figur des Heiligen Antonius, der zu Beginn des 14. Jahrhunderts entfernt wurde, um Platz für die Kreuzigungsszene Giottos zu schaffen. Rechts befindet sich das berühmte Bild des Armen, der der Beschreibung seines ersten Biografen Thomas von Celano entspricht:

«...Von kleiner Statur, regelmäßiger und runder Kopf, ein ovales und etwas vorgestrecktes Gesicht, flache und schmale Stirn, schwarze Augen, normale Größe und einfache Erscheinung, dunkle Haare, gerade Augenbrauen, feine und gerade Nase, kleine Ohren, flache Schläfen, sanfte, scharfe und durchdringende Sprache, laute, sanfte und sonore Stimme, gleichmäßige und weiße Zähne, kleine und schmale Lippen, schwarzer und mäßiger Bartwuchs, gerade Schultern, magere Hände, lange Finger, vorspringende Nägel, schlanke Beine, kleine Füße, zarte Haut; und er ist mager, kleidet sich einfach, schläft wenig und ist großzügig. In seiner unvergleichlichen Demut zeigte er sich gut und verständnisvoll zu Allen, indem er sich in geeignetster und weisester Art jedem näherte. Ein Heiliger unter den Heiligen und unter den Sündern einer ihresgleichen».

Die Geburt

Im rechten Querschiffsarm der Unterkirche befindet sich ein Freskenzyklus der Werkstatt Giottos (um 1310), der das Thema der Kindheit Jesus behandelt. Die Künstler folgen der Erzählung sowohl im Evangelium als auch in den Apokryphen.
Sehr lebendig und ausdrucksvoll ist die Szene der *Geburt* dargestellt. Die Hütte steht isoliert da, außerhalb jeglichen städtischen Zusammenhangs. Hinter dem Berg richtet sich der Blick nach oben, der Stern tritt zwischen zwei Bergspitzen hervor. Die Engel haben verschiedene Funktionen: über der Hütte singen sie «die Glorie zu Gott in der Höhe der Himmel», einige an der Seite sprechen zu den Schäfern und andere in der Hütte beten das Kind an. Der Ochse und der Esel betrachten bewegt Jesus und auch die Schafe und Hammel scheinen an dem Ereignis teilzuhaben.
Joseph ist nachdenklich. Die Madonna ist auf dem Boden zusammengekauert und hält das Jesuskind. Das Kind wird zweimal dargestellt: einmal stehend auf den Knieen der Mutter und dann darunter im Arm einer Frau, die ihn an der Nase faßt um ihn zum Lachen zu bringen, während eine andere Frau im Begriff ist das Kind zu baden.
Jede Figur scheint für sich zu stehen, sodaß die Szene in ihrer Gesamtheit fragmentarisch erscheint.

Die Flucht nach Ägypten

Es handelt sich hier um eine lyrische, erzählende Szene. Die Anzahl der Figuren ist auf das Wesentliche beschränkt und verschiedene Einzelheiten beleben die Darstellung.
Die Landschaft ist rauh und von rötlicher Farbe. Die Natur ist nur als Hintergrund in Beziehung zu den Figuren gesetzt: die Berge scheinen sich zu den Vorbeischreitenden herunter zu beugen; die Sträucher, Bäume und die Palme neigen sich Jesus zu. Joseph, ein wenig müde, ein wenig gebeugt, geht voran, sieht das Lasttier und schaut sich nach Maria um. Mit der linken Hand trägt er auf der Schulter einen kurzen Stab, von dem ein Bündel herunter hängt.
Maria auf dem Esel trägt das Kind in einem Tuch um den Hals und scheint Joseph Ruhe einflößen zu wollen.
Dahinter zwei Personen. Der Jüngere scheint den Esel anzutreiben um den Schritt zu beschleunigen.
In der Höhe zwei Engel: einer schaut nach vorn und scheint den Horizont erforschen zu wollen, während der andere nach hinten schaut, fast in Furcht vor der Ankunft des Herodes.

Der Kindermord des Herodes

Eine in ihrer Dramatik außerordentliche Szene. Die Darstellung des Ausdrucks und der verschiedenen Haltungen der Mütter der Kinder läßt mannigfaltige Varietät erkennen.
Herodes läßt zusammen mit den Priestern von der Höhe eines Turmes aus den Befehl ergehen alle Neugeborenen dieser Gegend zu töten um den neuen König verschwinden zu lassen. Die Leichen werden in der Mitte des Platzes angehäuft. Die Soldaten, die unsicher und traurig sind aufgrund dessen was sie zu tun haben, schließen alle Zugänge. Die umgebenden Häuser scheinen an der Szene teilzuhaben indem ihre Fenster leer auf den Platz schauen und sich gegen das blaue helle Licht abheben und weiß erscheinen wie die Seelen der unschuldigen Kinder. Auch die zwei Pferde scheinen auf Herodes, den Verursacher all dieses Schmerzes, zu schauen.

Das Polyptychon von Simone Martini

Unter dem Wunder des Jungen von Sessa, vor der Wand der Kapelle des Heiligen Nikolaus, kurz über dem Boden steht ein kleiner Flügelaltar, der mit Heiligen bemalt ist, und in fünf Flügel durch kleine Säulchen unterteilt ist. Auf jeder Tafel befindet sich ein Heiliger, der ganz in Gold gefaßt ist. Auf den Fresken lassen sich die typischen Merkmale der senesischen Malerei erkennen: weiche, sanfte Darstellung, leuchtende Farben, aristokratische Züge der Personen und mandelförmige Augen. Das Werk ist von Simone Martini (um 1317).
Acht Heiligenfiguren (der Heilige Franziskus, der heilige Ludwig (Bischof), die Heilige Elisabeth aus Ungarn, die Heilige Klara, der Heilige Elzeario, die Madonna mit dem Kind zwischen zwei Heiligen Königen) werden in sprechendster Weise zum Beschauer gesetzt.

Der Hl. Franziskus und der Tod

An der rechten Seite des Chores befindet sich eine Treppe, die zum Kreuzgang Sixtus IV. führt. Mit verflochtenen gotischen Bögen und äußerlich mit imitiertem cosmatischen Mosaik versehen, geht sie bis auf den Beginn der Basilika zurück, und ermöglichte es so dem Papst, wenn er in Assisi war, in seine Wohnung zu gelangen.
Rechts in der Höhe befindet sich ein Fresko, aus der Schule Giottos, das auf den ersten Blick merkwürdig erscheint, aber in höchstem Maße didaktischen und katechetischen Charakter aufweist. Der Heilige Franziskus mit den Wundmalen erhebt die rechte Hand als Zeichen der Erwartung und Annahme und legt die Linke auf ein Skelett, das sich an das Holz des Sargs anlehnt und auf dem Kopf eine Goldkrone trägt, die im Begriff ist herunterzufallen. Neben diesem Fresko befinden sich zwei weitere, in denen der Heilige Franziskus zwei Tote auferweckt: der Junge aus dem Haus Sperelli und der Junge aus Sessa. Die Bedeutung liegt klar zutage: der Heilige Franziskus ist nicht nur Sieger über den Tod, sondern auch Freund und Bruder des Todes: «Gepriesen seist Du, o Herr, durch unseren Bruder, den leiblichen Tod, welchem kein Lebender mag entrinnen».

Folgende Seiten: Details der ausdrucksstarken Porträts des Bettelmönchs und der hl. Klara.

DAS LINKE QUERSCHIFF DER UNTERKIRCHE

Die Erhängung Judas'

Links des Chores befindet sich eine Treppe, die von der Unterkirche zum Kreuzgang Sixtus' IV. führt. Sie wurde kurz nach jener der rechten Seite erbaut und sollte den Mönchen den Zugang zum Konvent ermöglichen. Sie ist in gotischer Struktur ausgeführt.
In der oberen Ecke, zwischen der Treppe und der Wand, in einem dunklen Bogen, im Schatten, befindet sich eine dramatische Darstellung: das makabre Schauspiel des Judas, der sich erhängt. Das Fresko ist Lorenzetti zugeschrieben.
Der Selbstmord Judas' nach der Kreuzigung war ein geläufiges Thema in der religiösen Darstellung dieser Zeit, wenngleich die Künstler es selten innerhalb des Passionszyklus darstellten. Pietro Lorenzetti führt diese Szene in wirkungsvollster Weise und unter Benutzung genauester festgelegter ikonographischer Formeln aus. Judas wird von einem Balken herabhängend, in einem grünen Gewand und mit aufgeschlitztem Bauch dargestellt.
Das Bild des Selbstmordes des Judas muß mit jenem des Heiligen Franziskus, der siegreich über den Tod ist, verglichen werden, das sich an derselben Stelle im rechten Querschiff befindet. Judas hat sich erhängt, da er nicht an Vergebung und Barmherzigkeit Gottes glaubte. Der Heilige Franziskus hingegen hat sich der Gnade Gottes geöffnet durch die Imitation des Kreuzes.
In den Fresken der zwei Querschiffsarme der Unterkirche tritt die Figur eines Heiligen Franziskus hervor, der nicht wie ein anderer Christus, sondern wie ein außergewöhnlicher Pädagoge erscheint: wie einer, der die Heiligkeit erreicht hat und sie allen Christen durch den Weg des Gehorsams, der Buße und der Imitation Christus zeigt.

Die Fußwaschung

Während die Personen in allen Einzelheiten ausgezeichnet dargestellt sind, nimmt sich der Maler die Freiheit, die Umgebung nicht genau dem Evangelium folgend darzustellen. Die Episode wird nicht während des Abendmahls dargestellt, sondern in einer gotischen Kirche mit Kreuzgewölben, die mit Goldsternen geschmückt sind. Manche haben darin die Oberkirche dargestellt gesehen.

Die Szene des Evangeliums zeigt den Dialog zwischen Jesus, der sich niederkniet, um die Füße der Apostel zu waschen und Petrus, der nach anfänglichem Widerstand gerne annimmt.
Die anderen Apostel, die in dem weiträumigen Saal herumsitzen, neigen sich in natürlicher Weise der Hauptszene zu und sind interessiert am Dialog, während einer von ihnen sich anschickt die Strümpfe auszuziehen.
Judas zieht sich zurück und drückt seine Ablehnung mit einer Geste aus.

Die Kreuzigung

Es handelt sich hier um eine unvergeßliche Szene, die das gesamte zweite und dritte Register der Ostwand des linken Querschiffes bedeckt. Zwar weiträumig zerstört ist die großartige *Kreuzigung* doch lebendig und zeigt einzelne Figuren, von denen jede perfekt und individuell ausgeführt ist, ein jeder ein wirklicher Protagonist der Szene. Die etwas gesuchte und geschmückte Ausstattung beeinträchtigt die religiöse Atmosphäre nicht, ganz im Gegenteil ist das wunderbare Fresko eine potente Einladung zur Begegnung mit Christus am Kreuz.
Der Himmel ist von einem tiefen Dunkelblau. Die drei Kreuze mit den gequälten Körpern heben sich klar vom türkisen Hintergrund des Himmels ab. Die Engel, jeder mit einem anderen Gesicht und einer anderen Geste, fliegen hin und her, gepackt von unsagbarem Schmerz. Die Schächer treten hier zum erstenmal im Westen in einer Monumentalkomposition auf. Das Volk macht den bedeutendsten Teil der Komposition aus: es sind 65 Personen, die bis ins kleinste Detail genau ausgeführt sind und dem ganzen Bild Bewegung verleihen.
Zu Füßen des Kreuzes waren die Soldaten, die sich die Kleider Jesus' teilten. Ein Teil des Freskos ging 1617 verloren, als an die Wand ein Marmoraltar gestellt wurde, der Johannes dem Täufer geweiht war und die Reliquien enthalten sollte; er wurde 1870

zerstört.
In den ersten Jahrzehnten des 14. Jahrhunderts war Siena eines der bedeutendsten und qualifiziertesten Zentren künstlerischer Kreativität des sich neu ausbreitenden Stiles, der Gotik genannt wurde. Auf dem Gebiet der Malerei fand sie ihren größten künstlerischen Ausdruck in der Person des Simone Martini (1284-1344) und des Pietro Lorenzetti (1280-1348).
Das Außerordentliche Ansehen, das diese beiden Sienesen zu Beginn des 14. Jahrhunderts erreichten, führte dazu, daß sie Giotto und seine Werkstatt in der malerischen Ausstattung der Unterkirche in Assisi verdrängten.
Von 1310 bis 1320 führte Pietro Lorenzetti zusammen mit dem Bruder Ambrogio und einer Gruppe Schülern den linken Teil der Unterkirche mit Fresken aus der *Passionsgeschichte* und Episoden aus dem *Leben des Heiligen Franziskus* aus.
Es handelt sich um Fresken voll religiösen und dramatischen Gehalts. Die Farbigkeit ist in außergewöhnlicher Lebendigkeit vorherrschend. Die Details sind teilweise interessanter als das Gesamtbild (wie zum Beispiel die Details der großen *Kreuzigungsszene*).
Pietro Lorenzetti, damals kaum dreißigjährig, als er die Fresken in Assisi ausführte, war zu diesem Zeitpunkt auf dem Höhepunkt künstlerischen Schaffens und hat ein Werk großer Intensität und Harmonie hinterlassen.

Die Madonna der Dämmerung

Ein weiteres Meisterwerk Lorenzettis: die wunderschöne *Madonna mit dem Kind*, flankiert vom Heiligen Franziskus und Johannes dem Evangelisten. Sie wird gemeinhin *Madonna der Dämmerung* genannt, da hier das letzte Licht der Dämmerung das gesamte Fresko erleuchtet.
Das Bild befand sich in einer Loggia, dessen Balustrade die Predella eines heute verschollenen Altares darstellte, der auch ein Stifterbild zeigte. Der Bieter von links ist verschwunden und mit ihm die Hände des Heiligen Franziskus.
Die beiden Heiligen sind gleichgroß, während die Jungfrau Maria, die das Kind im Arm hält, von größerer Statur ist.
Die Frische der Gesichter, die zarte Linienführung, die sanften Farben und der Goldhintergrund machen dieses Fresko zu einem der berühmtesten und bewegendsten Werke der italienischen Malerei. Es ist das sugestivste Werk der gesamten Basilika und hinterläßt im Besucher einen unauslöschlichen Eindruck.
Die Madonna und das Kind sprechen und gestikulieren. Was sagen sie? Die allgemeine Version besagt, daß das Kind die Mutter fragt wer am meisten geliebt habe, und sie zeigt mit dem Finger auf den Heiligen Franziskus.

Der Einzug Jesu' in Jerusalem

Die Szene ist voller Leben und Überschwenglichkeit.
Jesus sitzt auf einer Eselin mit einem kleineren Esel daneben. Ihm folgen die Apostel mit dem Heiligenschein: nur Judas steht abseits. Petrus steht im Vordergrund neben Judas. Aus dem Stadttor sieht man das Volk herauskommen mit Palmen in der Hand und Hosanna singend. Auf der anderen Seite der Mauer auf einer Anhöhe mit Bäumen stehen zwei Jungen, die Olivenzweige auseinanderbrechen und auf die Straße werfen. Auch die Vögel über dem Stadttor scheinen ein Fest zu feiern.
Jerusalem wird als schöne und prächtige Stadt gezeigt mit gotischen Bauten, die sich nach oben hin stafeln und von zinnenbekrönten Mauern umgeben sind. Die architektonischen Bauten sind senesischer Form und dienen als Hintergrund für Farben und Personen. Die Mauern der Häuser und Türme zeigen vielfältige Dekorationen.

Der Judaskuß

Die Szene findet im Olivenhain statt. Man sieht Judas, der sich auf Jesus zubewegt um ihn zu küssen und ihm eine Hand auf die Brust legt. Jesus hebt den Kopf mit Erstaunen und betrachtet ihn mißtrauisch. Die Apostel sind im Begriff zu fliehen, erschreckt durch die Ankunft der Personen, die ihren Meister gefangen nehmen wollen: der Letzte von ihnen dreht sich nach hinten um, um die Szene zu betrachten. Nur Petrus ist stehengeblieben um mit einem von ihnen zu diskutieren. Zwischen dem Volk lassen sich klar die Hohenpriester und die Ältesten des Volkes unterscheiden, während die Soldaten im Zentrum zu einer dunklen undurchsichtigen Masse zusammengefaßt sind. Diese Episode des Evangeliums findet nachts statt und Pietro Lorenzetti zeigt eine klare helle Nacht, sodaß einige Kritiker dieses Werk als «die erste Nachtszene der italienischen Kunst» bezeichnet haben. Es ist in der Tat eine einzigartige Nachtszene: Sternenhimmel, der Mond verschwindet hinter dem Berg, die Bäume heben sich klar vom Hintergrund ab und die Felsen haben eine weiß blasse Farbe. Auch eine Sternschnuppe ist zu sehen.

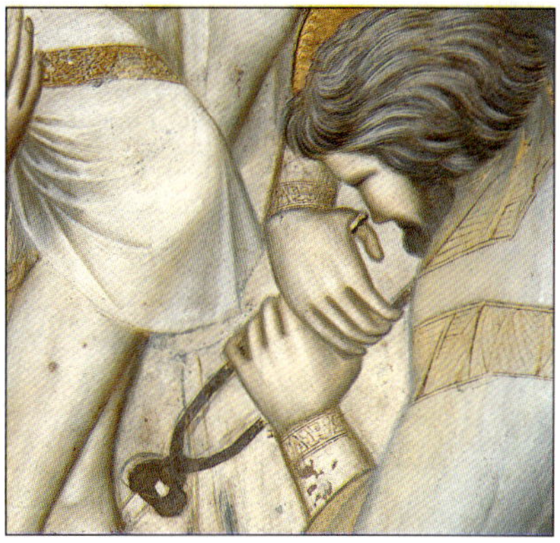

Die Kreuzabnahme

Auf der linken Seite des Eingangs zur Kapelle des Heiligen Johannes des Täufers, auf einem Hintergrund ohne Dekoration, befindet sich das Fresko der Kreuzabnahme.
Das Kreuz, in Form eines «T», erhebt sich nackt vor der Leere des Hintergrundes. Sieben Personen stehen um den entseelten Körper des Retters, der vom Kreuz mit verrenkten und verdrehten Gliedern und herabhängendem Kopf und Armen abgenommen ist. Alle beugen sich über den unbeweglichen Körper Jesu um ihn zu stützen und zu küssen.
Das Weinen der frommen Frauen (Maria Magdalena, Maria-Mutter des Josef, Maria-Mutter des Jacobus) drückt einen unausschöpflichen Schmerz aus. Die Madonna nähert ihr niedergeschlagenes Gesicht jenem von Jesus. Johannes im Schmerz versteinert, umarmt den Körper Jesus', «mit Augen, die im Begriff sind zu weinen und die niemels weinen werden, da die Tränen zu Kristall geworden sind, zu Quarzen in den Augen». Joseph aus Arimathia stellt sein Grab für das Begräbnis zur Verfügung. Ein Mann entfernt die Nägel mit der Zange.
Die Gruppe ist fast in Form einer Pyramide dargestellt. Die einzelnen Figuren erinnern an Speichen eines Rades um Christus herum. Die Gesten sind auf das Wesentliche beschränkt und in höchstem Maße dramatisch. Pietro Lorenzetti hat dieses Fresko in einem der besten Momente seines Lebens ausgeführt. Einige Kritiker haben hervorgehoben, daß die *Kreuzabnahme* eine der dramatischsten Szenen der italienischen Malerei des 14. Jahrhunderts darstellt.

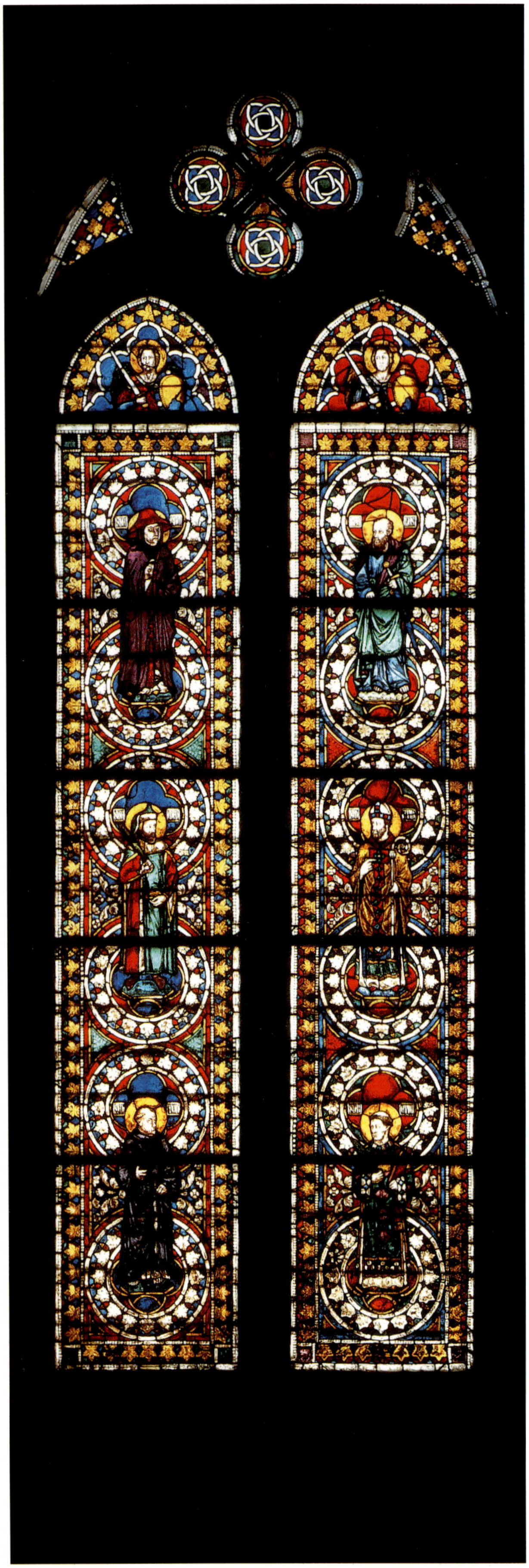

SIMONE MARTINI: DIE KAPELLE VON S. MARTINO

Simone Martini wurde in Siena um 1284 geboren. Kaum zwanzigjährig wendet er sich der Kunst im Umkreis des Duccio di Boninsegna zu. Er malt zunächst in Siena, dann in Assisi und schließlich in Neapel, Pisa, Siena und Orvieto. Um 1340 siedelt er nach Avignon an den päpstlichen Hof um und hier stirbt er im Juli 1344. In Assisi führt er zwischen 1312-1318 die Fresken in der Kapelle des San Martino aus, acht *Heiligenbilder* am Ende der Wand des rechten Querschiffsarms der Unterkirche und stellte die Probekartons für die Kapelle des San Martino und San Ludovico (heute S. Stefano) her.
Es sind Werke höchster ästhetischer Qualität. Jedes Bild ist ein Meisterwerk, in dem Linienführung, Farbgebung und Formgebung größte Qualität erkennen lassen. Da er in einer Epoche der europäischen Geschichte lebte, die durch Aufgeschlossenheit und Übergang gekennzeichnet war, läßt Martini in seiner Malerei Mystik und königliche Mondanität, irdischen Prunk und strenge Vergeistigung, Lebenslust und Verwachsung mit äußeren Formen der Pracht widerspiegeln. All seine Figuren bewegen sich in einer Welt der Grazie und Liebenswürdigkeit, in musikalischer Stille, in der die Sünde und der Schmerz fremd sind.
Auf Veranlassung des franziskanischen Kardinals Gentile di Partino da Montefiore wurde er gerufen, um in Assisi die Kapelle des San Martino auszumalen. Und so entstanden Fresken großer Bedeutung. Von Vielen wird die Kapelle als eines der hervorragendsten Monumente der Malerei des 14. Jahrhunderts betrachtet.
Die Kapelle von San Martino ist die erste, die auf der linken Seite der Unterkirche erscheint. Es ist ein gotischer rechteckiger Raum, durch Tonnengewölbe gedeckt, durch eine weiträumige sechseckige Apsis geschlossen, dessen sechs spitzbogige Gewölbe durch feine Rippen getrennt sind. In jedem der drei zentralen Joche der Apsis befindet sich ein gekuppeltes Fenster, dessen Gewände schräg verlaufen. Die Wände sind mit weißen und roten Marmorintarsien verkleidet, während die Säulen aus rotem Granit bestehen. Das Gewölbe ist blau mit goldenen Sternen ausgemalt. Die Rippen sind mit geometrischen Motiven versehen.
In der Bogenlaibung des Eingangs sind acht *Heiligenfiguren* dargestellt, jeweils zu Paaren auf dreifachen Spitzbögen zusammengestellt und auf kleine Säulchen aufgelegt Katherina die Märtyrerin und Maria Magdalena; Franziskus und Antonius aus Padua; Ludwig König von Frankreich und Ludwig von Anjou, Bischof; Klara von Assisi und Elisabeth von Ungarn.
Auf den Seitenwänden und auf dem Tonnengewölbe sind die zehn *Geschichten aus dem Leben des Heiligen Martin* dargestellt. Jedes Bild wird durch einen Rahmen mit geometrischen Motiven unterteilt und die Ecken zeigen vier Medallions mit Engelsbüsten. Zwischen den Rahmen befanden sich Inschriften – heute völlig entfernt – die die einzelnen Episoden kommentierten. Von links nach rechts ist zu sehen: der Heilige Martin teilt seinen Mantel mit einem Armen; erweckt einen Jungen wieder zum Leben; wohnt dem Begräbnis des Bischofs von Tours bei, Durchzug und Apotheose des Heiligen; er wird von Kaiser Valentinian geehrt; er verzichtet auf die Karriere als Ritter; Christus erscheint dem Heiligen mit dem Mantel, den er dem Armen geschenkt hatte; der Heilige Martin verabschiedet sich vom heiligen Hilarius; die Investitur zum Ritter durch Kaiser Konstantin; von Engeln assistiert liest er die heilige Messe.
In den Bogenfeldern der dreifach gekuppelten Fenster sind 18 *Heiligenbüsten* dargestellt, jeweils unter einem kleinen spitzbogigem Tabernakel und abwechselnd mit dem auftraggebenden Kardinal.
Die Figur des Kardinalis Gentile di Partino da Montefiore ist zweimal ausgeführt: auf der Gegenfassade, knieend vor dem Heiligen Martin und auf dem unteren Teil des gekuppelten Fensters.
Der Kardinal ist in der Kapelle des San Ludovico begraben.

Auf diesen Seiten einige Episoden aus dem Freskenzyklus, die Szenen aus dem Leben des Hl. Martin darstellen: der Tod des Heiligen und der Hl. Martin, während er den Mantel mit dem Armen Teilt.

Auf den vorhergehenden Seiten das großartige Glasfenster der Kapelle des Heiligen Martin, nach einem Entwurf Simone Martinis; die Heilige Klara mit der Heiligen Elisabeth, Fresken Simone Martinis im Eingangsbogen der Kapelle.

Auf den folgenden Seiten, die Investitur des Heiligen Martin zum Ritter durch Kaiser Konstantin und ein weiteres Detail derselben Szene, die von Simone Martini in der Kapelle des Heiligen Martin ausgeführt wurde.

DER MEISTER DES HEILIGEN FRANZISKUS

Die Predigt an die Vögel, um 1260 vom Meister des Heiligen Franziskus auf einer Seitenwand der Unterkirche ausgeführt. Daneben das Grab des Heiligen Franziskus.

Die Unterkirche hat diese Dimensionen: größte Längenausdehnung 70,70 m; größte Breitenausdehnung 11,80 m; Breite des Narthex 38,80 m; Tiefe des Narthex 11,20 m; Länge jedes Jochs 11,20 m; Durchmesser der Apsis 11,80 m; Länge des Querschiffs (ausschließlich der Kapellen) 29,40 m; Tiefe des Querschiffs 12,70 m; Höhe 10,20 m.
Auf den Seitenwänden befindet sich eine Reihe von Fresken, die rechts die *Passionsgeschichte* zeigen (*Vorbereitung des Kreuzes*, die *Kreuzigung*, die *Kreuzabnahme*, die *Frauen am Grab* und wahrscheinlich das *Abendmahl von Emmaus*) und links das *Leben des Heiligen Franziskus* (die *Kleiderübergabe an den Vater*, der *Traum Innozenz III.*, die *Predigt an die Vögel*, der *Heilige Franziskus erhält die Wundmale*, der *Tod des Heiligen*).
Es ist der älteste ikonografische Zyklus des Lebens des Heiligen Franziskus Christus gemäß und die älteste malerische Ausstattung der Basilika (1260 circa). Die Kunstkritik schreibt es einem unbekannten Maler zu, der «Meister des Heiligen Franziskus» genannt wird, wahrscheinlich ein Schüler Giunta Pisanos.
Der Künstler führte die gesamte Wand mit Fresken aus. Heute bestehen jedoch von vielen Szenen nur noch Fragmente, da sie zum großen Teil um 1300 zerstört wurden als die Eingangsbögen für die Seitenkapellen errichtet wurden.
Bemerkenswert aufgrund seiner Schlichtheit und Zartheit ist die Szene *Predigt an die Vögel*.

CANDELE
OFFERTE

DAS GRAB DES HEILIGEN FRANZISKUS

Der Körper des Heiligen Franziskus wurde unter dem Hauptaltar der Unterkirche am 25. Mai 1230 begraben, nachdem er vier Jahre lang kurz nach seinem Tod in der Kapelle des Heiligen Georg geblieben war. Mehr als zwei Jahrunderte lang konnte man ihn durch einen unterirdischen Gang, der vom Chor zu der Grabkammer führte, sehen. 1442 versuchten die Peruginer, unter der Führung Niccolo Piccininos, nachdem sie die Stadt von Assisi gebrandschatzt hatten, den Körper des Heiligen zu entführen. Mit Gewalt waren sie nicht erfolgreich und versuchten es deshalb auf diplomatischem Wege. Sie versicherten dem Papst, daß der Körper des Heiligen in Perugia wesentlich sicherer aufbewahrt sei. Papst Eugen IV. jedoch blieb unbeweglich und veranlasste die sofortige Schließung des unterirdischen Ganges zum Eingang der Grabkammer. Es handelte sich jedoch um keine definitive Schließung, da 1449 Nikolaus V., Nachfolger Eugens IV., das Grab besichtigen konnte. Als Letzter stieg Papst Sixtus IV. hinunter, der jedoch 1476 die endgültige Schließung des Eingangs veranlasste.
In den darauffolgenden Jahrhunderten wurden verschiedene Versuche unternommen um einen Durchgang zu schaffen. Sie blieben jedoch alle erfolglos. Erst jener von 1818 hatte Erfolg. Auf Anordung Papst Pius VII. wurde eine Ausgrabung durchgeführt, die 52 Nächte lang dauerte: vom 12. Oktober bis 2. Dezember 1818. Man fand den Steinsarkophag, umgeben von einem Eisengitter in den Felsen eingelassen und geschützt durch Betonschichten. Die sterblichen Reste des Heiligen wurden von einer Kommission, die aus den Bischöfen Umbriens, Laiensachverständigen und Notaren bestand, als Skelett, das zum großen Teil gut erhalten war, wiederaufgefunden. Das geschah am 12. Dezember 1818. Nachdem Papst Pius VII. die gesamte Arbeit zur Kenntnis genommen hatte, erklärte er in einer Schrift vom 5. September 1820 «keinen Zweifel über die Identität des Körpers des Heiligen Franziskus, der unter dem Hauptaltar der Unterkirche von Assisi gefunden worden war, zu haben»; und verfügte «daß der verwundbare Körper in keinen anderen Ort gebracht werde als der in dem er fast sechs Jahrhunderte gewesen war... und daß das gesamte Grab verschönert würde... und dort ein neuer Eingang geschaffen würde».
Man begann 1822 mit den Arbeiten nach einem Entwurf von Pasquale Belli und beendete sie 1824. Es entstand eine Krypta in neoklassischem Stil, die nicht Vielen gefiel. Nach verschiedenen Studien, von 1926-1932, verwirklichte der Architekt Ugo Tarchi einen Entwurf in einfachem und strengem Stil, so wie er heute noch zu sehen ist.
Der heutige Komplex der Basilika besteht aus drei Geschossen.
Am 24. Januar 1978, auf Veranlassung Papst Pauls VI., wurde eine weitere Untersuchung vorgenommen, die die vorhergehenden Daten bestätigte und die eine sicherere Konservierung des Körpers des Heiligen Franziskus veranlasste. Er befindet sich jetzt in einem kleinen Kasten aus Plexiglas, verschlossen in dem vorhergehenden Metallkasten von 1820 und dieser wiederum in der antiken und ursprünglichen Steinurne, in der er sich von Anfang an befand. Und diese sieht man heute hinter dem Altar.
Um das Grab des Heiligen herum sind vier seiner ersten Gefährten begraben: Masseo, Angelo, Rufino und Leone.
Gegenüber auf dem Treppenabsatz, auf dem sich die beiden Treppen kreuzen, die zum Grab führen, befinden sich in einer Urne seit 1932 die sterblichen Reste des «Frate Jacopa» dei Settesoli.

Vor dem Grab brennt die Votivlampe der Gemeinden Italiens, dessen Öl jährlich von einer anderen Region Italiens gestiftet wird.

Das Leben des Heiligen Franziskus

Franziskus, Sohn des Pietro di Bernardone, eines reichen Stoffhändlers, und von Madonna Pica, wurde 1182 in Assisi geboren.
Als Jugendlicher führte er ein fröhliches und unbeschwertes Leben und wurde bald der «König der Feste» der Stadt. Doch schon bald erkannte er, daß Gott einen anderen Weg für ihn vorgesehen hatte. Es war nicht leicht für ihn sich Gottes Gnade zu ergeben. Seine Entscheidung beginnt erst nach der Erfahrung der Umarmung des Leprakranken zu reifen und wird erst mit der Anhörung Gottes Wort im Evangelium definitv.
Es ist der Beginn eines langen Weges der Suche und Erwartung die ihn dazu führen eine auf der Welt einzigartige menschliche und geistige Erfahrung zu verwirklichen, indem er radikale und konsequente Entscheidungen trifft.
Niemand wird jemals seine persönliche charismatische Ausstrahlung zeigen dieses gehörte nur ihm und die Geschichte kennt kein weiteres Beispiel. Andererseits hat sich Franziskus niemals als Modell zeigen wollen, sondern hat immer dazu eingeladen, den Glauben nach dem Evangelium zu leben und sich dem Mysterium Gottes und der Menschen zu öffnen und an der kontinuierlichen Präsenz Gottes in der Geschichte bewußt teilzuhaben.
Bei seinem Tod, 1226, mit nur 44 Jahren, hat er verschiedene Tausend Anhänger auf der ganzen Welt verstreut.

Gegenüber, die Grabstätte des Hl. Franziskus, so wie man sie heute sieht; unten, die sterblichen Reste des Heiligen; rechts, die Steinurne, in der sie aufbewahrt werden.

DIE OBERKIRCHE

DER KREUZGANG SIXTUS' IV.

Im Stil der Renaissance ausgeführt, verdankt dieser Kreuzgang seine Entstehung dem Mäzenatentum Sixtus IV., der ihn von 1474 bis 1476 erbauen ließ, und die Arbeiten Antonio da Como übertrug. Er ist auf zwei übereinander gelegten Loggien errichtet (die Kapitelle sind Francesco Zampa zugeschrieben) sowie um einen Brunnen herum, der das Regenwasser der Basilika und des Konventes aufnimmt.
Sowohl auf dem oberen als auch auf dem unteren Teil sind Strebebögen, zu erkennen, schmiedeeiserne Gitter von lokalen Meistern des 16. Jahrhunderts ausgeführt, und an den Wänden zahlreiche Fresken des assisischen Malers Dono Doni (1570 circa), die heute leider zum großen Teil zerstört sind. Es werden Szenen aus dem *Leben des Heiligen Franziskus* und einige Hinweise des Heiligen auf die Nachfolge Christi dargestellt.
Vom Halbschatten des Kreuzgangs aus hat man eine spektakuläre Sicht auf die Apsis der Basilika, die hoch und leuchtend erscheint. Unten halbrund und oben durch gotische Fenster durchbrochen, wird die Apsis von zwei Stützpfeilern flankiert.

Zwei Ansichten des Kreuzgangs Sixtus' IV.

Im Innern des gesamten Komplexes des Konvents befinden sich drei weitere Kreuzgänge. Doch der Kreuzgang Sixtus IV. ist der größte und bildet ein wenig das «Zentrum» des gesamten Wohnbereichs. Im unteren Bereich befinden sich verschiedene Räume, die kulturellen Zwecken dienen. In der Mitte befindet sich die **Bibliothek**, die mehr als 80.000 Bände enthält. Die wertvollsten Bücher sind die mehr als Tausend Handschriften, die 356 Inkunabeln, die 3500 kleinen Ausgaben des 16. Jahrhunderts und die 5000 musikalischen Handschriften in antiken seltenen Ausgaben. Im 14. und 15 Jahrhundert war sie eine der größten bestehenden Bibliotheken in Europa, nach jener der Sorbonne in Paris und der päpstlichen in Avignon. Heute liegen ihre speziellen Gebiete im Bereich der franziskanischen Lehre, der Theologie, der Musik und der Kunstgeschichte.
Im oberen Geschoss des Kreuzgangs befindet sich das «**Museo-Tesoro**», das verschiedene Objekte sakraler Kunst beherbergt, Wandbekleidungen und Gobelins, sowie Gemälde aus verschiedenen Jahrhunderten. Im inneren Teil befindet sich der **Sala Alitalia** der **Sammlung Perkins**: die bedeutendste italienische Kunstsammlung vom Mittelalter bis zur Renaissance. Der amerikanische Kunsthistoriker Federico Mason Perkins (1874-1955) hat sie als bleibende Stiftung dem Konvent des Heiligen Franziskus hinterlassen. Es handelt sich um 57 Stücke, zum großen Teil Tafelbilder der senesischen, florentinischen, venezianischen, veronesischen und emilianischen Schule von Künstlern des 15. bis 17. Jahrhunderts. Unter ihnen finden wir: Pietro Lorenzetti, Taddeo di Bartolo, Masolino da Panicale, Lorenzo Monaco, il Sassetta, Pier Francesco Fiorentino, Signorelli, Angelico und weitere.

DIE FASSADE DER OBERKIRCHE

Die schlichte harmonische Fassade der Oberkirche und, rechts, einige Details der Fassade.

Folgende Seiten: Gesamtansicht des überwältigenden Innenraumes der Oberkirche.

Das Äussere der Oberkirche ist schlicht gehalten und entbehrt jeglichen Schmucks. Die architektonischen Elemente sind bis auf das Wesentliche reduziert, fast um die franziskanische Schlichtheit zu unterstreichen und um nur als Eingangspforte zum künstlerischen und geistigen Reichtum des Innern zu dienen. Die Fassade zeigt in ihrer Gesamtanlage romanische Elemente ebenso wie die Rosette, die die Mittelpartie beherrscht und sie ist gotisch im schönen französischen Doppelportal. Es entsteht ein architektonisches Gesamtbild großer Schönheit, strenger und ausgeglichener Linienführung in weiß rosa Gestein des Subasio Berges.
Die Fassade ist dreifach geteilt.
Der **untere Teil** zeigt das elegante gotische Doppelportal, das sich gegen Osten öffnet und überfangen ist von einer spitzbogigen Archivolte, die eine geschlossene Rosette zeigt.
Der **mittlere Teil** in Form eines Rechtecks ist vom unteren Teil durch einen Fries getrennt, der Blumen- und Faunmotive zeigt und an beiden Enden die Symbole zweier Adler. In der Mitte befindet sich die Rosette, ein hervorragendes Werk der Cosmaten, bestehend aus 116 Säulchen, die einst auch mit Mamor verkleidet waren. Sie wird von den vier Symbolen der Evangelisten gehalten: der Mensch für den Heiligen Matthäus, das Kalb für den Heiligen Lukas, der Löwe für den heiligen Markus, und der Adler für den Heiligen Johannes.
Der **obere Teil** in Form eines Dreiecks zeigt ein Tympanon mit einem kleinen runden Fenster in der Mitte.
Auf der linken Seite der Fassade befindet sich ein Flügel mit einer abschließenden Loggia, die die «Loggia delle Benedizioni» genannt wird. Sie wurde 1607 von Valentino Martelli errichtet. Seitlich schließt sie mit einem kleinen Turm, der von einer Kuppel bedeckt wird, ab.
Mit Verwunderung überschreitet man die Schwelle dieses privilegierten Ortes, zum Teil erhellt durch die Menschen, die erfüllt «von der Traurigkeit nicht heilig zu sein», von Venturi «als das schönste Gebetshaus» bezeichnet und von Schlosser als «Prototyp der italienischen Gotik» definiert wurde.
Der einschiffige Innenraum, der in vier Joche aufgeteilt ist, erhebt sich hoch, strahlend und leicht. Schmale, elegante Säulenbänder vor den Wänden erheben sich in der Höhe zu Kreuzrippengewölben. Die Maße geben eine vage Vorstellung davon: Länge 76 m; Breite 13,50 m; Breite des Querschiffs 30,10 m; Maximale Breite der Apsis 12,80 m; Länge des ersten Jochs 13,30 m; Länge des zweiten und dritten Jochs 12,30 m; Höhe 18 m.
Das Licht, das außer durch die Rosette auch durch die breiten gekuppelten Fenster in schönster Verglasung einfällt, schafft eine heitere und gelassene Atmosphäre.

DER FRESKENZYKLUS GIOTTOS

Giotto di Bondone wurde 1267 in Colle di Vespignano im Mugello geboren und starb 1337 in Florenz. Zunächst in der Werkstatt Cimabues in Florenz, von 1280 bis 1290, tritt schon bald sein Talent hervor und er entwickelt sich zu einem der größten Künstler der Malerei. Seine größten Werke befinden sich in Assisi, Padua und Florenz, wenn auch viele andere Städte mit ihm in Berührung kamen und noch heute einige seiner Meisterwerke bewahren.
Seine ersten Werke in Assisi führte er mit kaum 25 Jahren, in der Zeit von 1290 bis 1295 aus, indem er im oberen Teil der Oberkirche einige biblische Geschichten darstellte.
Von bemerkenswerter künstlerischer Qualität ist die Szene von *Isaak and Esau* ebenso wie das Fresko der vier Doktoren der lateinischen Kirche: *Gregorio, Agostino, Ambrogio und Girolamo.*
Seine häufigen Reisen nach Rom und die Begegnung mit der klassischen Malerei und der römischen Schule der Cavallini führten schon bald zur Reifung seiner Persönlichkeit und seiner höchsten künstlerischen Reife.
In dieser Zeit vertraute ihm der Prior Fra Giovanni di Muro die Ausführung der Fresken des «Santo Poverello» in der Oberkirche an. Eine Aufgabe, die Giotto in der Zeit von 1277 bis 1299 ausführte, indem er den einzigartigen Freskenzyklus der «Leggenda Francescana» schuf. Er ließ die Formen der byzantinisch – romanischen Kunst hinter sich und wendete andere an, weichere, menschlichere, wahrere und grausamere. Einer seiner Zeitgenossen, Cellini, schrieb über ihn: «er wandelte die Malkunst des Griechischen ins Lateinische um, führte sie zur Moderne und so entstand die vollkommenste Kunst, die es jemals gegeben hat».
Das franziskanische Thema war nicht neu in der Malerei. In der Unterkirche zu Assisi bestand schon der Zyklus des sogenannten «Meisters des Heiligen Franziskus». Aber Giotto löste sich von allen Vorbildern und legte seiner Kunst den Stempel seiner Persönlichkeit und Originalität auf.
Die Fresken der Oberkirche waren schon seit Beginn des Baus der Kirche vorgesehen und sind Teil der Architektur selbst in einer raumhaft strahlenden, fast luftleeren Dimension.
Die Episoden aus dem *Leben des Heiligen Franziskus* befinden sich auf dem unteren Teil der Seitenwände, an den Seiten der Eingangswände. Es sind 28 Szenen, die jeweils in Dreiergruppen für jedes Joch aufgeteilt sind, außer der ersten vom Eingang beginnend, in der sich vier befinden; außerdem befindet sich ein Fresko rechts und links der Eingangspforte. Der Zyklus beginnt rechts vom Altar ausgehend, wenn man mit den Schultern zum Eingang steht.
Giotto führte die Fresken nicht allein aus, sondern erhielt Hilfe von Schülern und einigen älteren Malern, vor allem von jenen der römischen Schule. Außerdem wurde die Arbeit in Eile ausgeführt (Giotto stand ständig unter Druck durch andere Aufträge aus Rom und Florenz) und blieb unvollendet was die Hand Giottos anbelangt, vor allem in den letzten Szenen. Aus diesem Grund zeigt der Zyklus, auch wenn er in sich selbst wunderbar und einheitlich ist, nicht wenige Unstimmigkeiten und viele Kunsthistoriker bezweifeln Giottos Urheberschaft in einigen Fresken.
Vom religiösen Standpunkt aus gesehen hielt sich Giotto an die «*Legenda Major*» des San Bonaventura, dessen Texte unter den Fresken angebracht sind. Heute sind die lateinischen Schriften jedoch kaum noch lesbar. Auf den folgenden Seiten werden wir unter jedem Bild die ursprünglichen Bildunterschriften nach einer getreuen Rekonstruktion des P. Bonaventura Mariangeli aufführen.
Die Vision Bonaventuras des Glaubens und der Interpretation des Lebens des «Poverello» findet sich in der dreifachen Dimension wieder: die Liebe zu Gott, zu den Menschen und zu den Tieren. Eine dreifache Thematik, die als Hintergrund der Fresken dient und die sich als mittelalterlicher Schlüssel in perfekter partitätischer Beziehung zeigt. Die Darstellung des Franziskus hingegen ist jene, einer entschiedenen, rigorosen Persönlichkeit, einfachen Aussehens und schlichter Kleidung, ein Mensch, der Tiere und Pflanzen liebt, an den Kümmernissen der Menschen teilhat und Gott und seiner Präsenz in der Geschichte der Menschen teilhaftig wird.
Vom künstlerischen Standpunkt aus gesehen hatte sich Giotto von der vorhergehenden byzantinischen und gotischen Kunst gelöst und seine eigene Sprache eingeführt, die sich folgendermaßen zeigt: Plastizität der Darstellung; die Einfügung der Landschaft; die bewußte Einbeziehung der umgebenden Realität; einfache und großartige architektonische Formen; die Wiederentdeckung des Individuums; die Figuren werden lebendige Kreaturen; ein Stil voll menschlicher Inhalte in Beziehung zur Wirklichkeit.
Jedem Besucher, der sich den Fresken Giottos nähert, ist es möglich einen Dialog mit dem Heiligen Franziskus aufzunehmen, indem er einfach der Lebensbeschreibung folgt und den Reichtum der Botschaft erfährt.
Nachdem er aus Assisi abgereist war, hinterließ Giotto am Ort seine effiziente und gut organisierte Werkstatt, die aus einer Schar Anhänger bestand. Sie führten die Fresken an vielen Stellen fort, vor allem in der Unterkirche und vielleicht auch unter dem wachsamen Auge des Meisters.
Die Hand Giottos zeigt sich in Assisi mit äußerster Sicherheit in der Kapelle, die der Magdalena geweiht ist, in der Unterkirche. Hier sehen wir einen reifen Giotto, der nach Assisi gekommen ist, nachdem er in Padua die Scrovegni Kappelle ausgemalt hatte. Im *Noli me Tangere*, abgesehen von der großen Audruckskraft der Personen, ist die Landschaft in perfektester Weise ausgeführt. In der *Wiedererweckung des Lazarus* sind die Einzelheiten bis ins kleinste Detail studiert.
Die Werke Giottos finden sich in vielen italienischen Städten, vor allem in Rom, Padua, Rimini und Florenz. Aber Assisi bleibt immer noch eine wichtige Station um den großen florentinischen Meister kennen zu lernen. Zwar wird das Thema des Heiligen Franziskus von Giotto in der Kirche Santa Croce in Florenz wiederaufgenommen, aber die wunderbare Synthese zwischen Malerei, Architektur und Theologie wie sie in Assisi erreicht wurde, bleibt einzigartig in ihrer Art.
In den letzten Jahren haben einige Studien versucht die 28 Fresken der «Leggenda Francescana» mit den 34 Fresken der oberen Zone der Oberkirche (mit 16 *Szenen aus dem alten Testament* und 18 aus dem *neuen Testament*) in Beziehung zu setzen, indem man Parallelen zwischen der «Rettungsgeschichte» und dem «Leben des Heiligen Franziskus» zog: Es entstand eine wunderbare Einheit. Außerdem erscheint die Figur des Heiligen Franziskus als Gesamtheit der antiken und neutestamentalischen Verwirklichung dargestellt zu sein.
Ohne Zweifel läßt sich bestätigen, daß Giotto den Heiligen Franziskus verherrlicht hat... aber auch der Heilige Franziskus hat Giotto verherrlicht.

Die Heiligen Vittorino, Rufino, Franziskus und Klara, Fresken von Giotto am Pfeilerbogen der Innenfassade in eleganter architektonischer Umrahmung (zerstört).

Das herrliche Doktorengewölbe mit Gemälden von Giotto, der hier die vier Kirchenväter darstellte: Hl. Gregor, Hl. Augustinus, Hl. Ambrosius und Hl. Hieronymus (teilweise zerstört).

Die 28 Szenen aus dem Leben des Heiligen Franziskus

1. *Franziskus wird von einem einfachen Mann geehrt.*

«Ein einfacher Mann aus Assisi breitet die Gewänder vor dem Heiligen Franziskus auf dem Boden aus und erbietet seinem Schritt Ehre und bestätigt obendrein, daß Franziskus von Gott inspiriert und jeglicher Reverenz würdig sei, da er bald großartige Dinge vollbringen und deshalb von allen geehrt werden müsse».

2. *Die Vision eines Palastes voller Waffen in Spoleto.*

«Nachdem der Heilige Franziskus in der folgenden Nacht kurz eingeschlummert war, sah er einen prächtigen Palast mit Ritterwaffen, die das Kreuzzeichen Christi trugen, und als er fragte, wem sie gehören, wurde ihm von oben geantwortet, es seien alle seine und die seiner Ritter».

3. *Das Geschenk des Mantels an einen armen Ritter.*

«Der Heilige Franziskus begegnete einem adligen, aber armen und schlecht gekleideten Ritter und bewegt vor Mitleid entledigte er sich sofort des Gewandes und zog es ihm an».

4. *Vor dem Kruzifix des Heiligen Damian.*

«Der Heilige Franziskus betet vor einer Darstellung eines Kruzifix, als vom Kreuz herab eine Stimme zu hören ist: Franziskus geh und bereite mein Haus, das sich in Ruinen auflöst, womit die römische Kirche gemeint ist».

5. *Der Verzicht auf alles.*

«Der heilige Franziskus gibt dem Vater alles zurück, verzichtet auf väterliche und irdische Güter and sagt: Von heute an kann ich mit aller Bestimmtheit sagen: Vater unser, der Du bist im Himmel, da Pietro di Bernardone mich verstoßen hat».

6. *Der Traum Papst Innozenz III.*

«Der Papst sah die Lateransbasilika, die schon fast in Ruinen lag und ein Armer, oder der Heilige Franziskus, nahm sie auf seinen Rücken und hielt sie um zu verhindern, daß sie fiel».

7. *Mündliche Billigung der Franziskanischen Regel.*

«Papst Innozenz III. hatte die Regel genehmigt und gab den Auftrag, sie zu predigen und den Mönchen, die den Heiligen begleitet hatten erlaubte er, die klerikale Tonsur durchzuführen um, Gottes Wort zu predigen».

8. *Der Heilige Franziskus erscheint den Mönchen auf einem Feuerwagen in Rivotorto.*

«Der Heilige Franziskus betete in einer Hütte und war weit entfernt von seinen Mönchen, die sich in einer Hütte außerhalb der Stadt versammelt hatten, als sie den heiligen Franziskus auf einem feurigen Wagen hell erleuchtet um Mitternacht im Haus herumfahren sahen und das ganze Haus ward hell, und die Wachenden waren sehr erstaunt und die Schlafenden erwachten und erschraken sehr».

9. *Der Platz des Franziskus im Paradies.*

«Eine Vision von oben zeigte einem Mönch viele Prunksessel im Himmel und einer war glänzender als der andere und er hörte eine Stimme zu ihm sprechen: dieser Prunksessel gehörte einem Engel, der wegen seines Hochmuts fiel, und jetzt ist er für den demütigen Franziskus reserviert».

10. *Die Vertreibung der Dämonen aus Arezzo*

«Der Heilige Franziskus sah über der Stadt Arezzo viele jubelnde Dämonen und sagte zu seinem Anhänger Silvestro: geh und vertreibe im Namen Gottes die Dämonen... und schreie in der Nähe der Pforte; er gehorchte und schrie und die Dämonen flüchteten sofort und sofort kehrte der Frieden zurück zwischen die Aretiner».

11. *Die Feuerprobe vor dem Sultan von Ägypten.*

«Der heilige Franziskus wollte zusammen mit den Priestern des Sultans von Babilonia ein großes Feuer durchschreiten um den Glauben zu Christus zu bezeugen; jedoch keiner von ihnen wollte mit ihm gehen, sondern alle flüchteten sofort vor der Anwesenheit des Heiligen und des Sultans».

12. *Die Ekstase des Franziskus.*

«In tiefem Gebet versunken wurde der Heilige Franziskus von seinen Mönchen beobachtet, wie er sich vom Boden abhob die Arme nach oben streckte und eine leuchtende Wolke hüllte ihn ein».

13. *Die Krippe von Greccio.*

«Zur Erinnerung an Weihnachten befahl der Heilige Franziskus ihm Heu, einen Ochsen und einen Esel zu bringen; daraufhin predigte er über die Armut des Königs, und während der Heilige im Gebet versunken war, sah ein Ritter das Jesuskind dort liegen».

Auf den folgenden Seiten:

14. *Eine Quelle frischen Wassers für den Durstigen.*

«Der Heilige Franziskus stieg auf dem Rücken eines Esels auf einen Berg, und da der Besitzer des Esels, ein armer Mann, leidend war und vor Durst zu sterben drohte, betete er für ihn und ließ aus einem Stein Wasser hervorquellen, das niemals dort gewesen war und auch nie wieder dort gesehen worden war».

15. *Die Predigt an die Vögel.*

«Als der Heilige Franziskus nach Bevagna ging, predigte er vielen Vögeln, die sich vor Freude erregten, die Hälse reckten, mit den Flügeln schlugen, die Schnäbel öffneten und seine Kutte berührten; dies alles sahen seine Schüler, die auf dem Weg warteten».

18. *Der Heilige Franziskus erscheint dem Ordenskapitel.*

«Während der Heilige Antonius von Padua dem Kapitel von Arles predigte, erschien der abwesende Heilige Franziskus, breitete die Hände über sie und segnete die Brüder, wie es ein gewisser Monaldo sah; und die anderen Mönche freuten sich unbändig».

19. *Der Heilige Franziskus erhält die Wundmale.*

«Als der Heilige Franziskus am Abhang des Alverner Berges predigt, sieht er Christus in Form eines gekreuzigten Seraphs, der ihm auf den Händen und Füßen und auf der rechten Brust die Stigmata des Kreuzes unseres Herrn Jesus Christus aufdrückt».

20. *Die Begegnung mit dem Bruder Tod.*

«In der Stunde des Ablebens des Heiligen Franziskus sah ein Mönch seine Seele in Form eines leuchtenden Sternes zum Himmel auffahren».

21. *Die Erscheinung nach dem Tod.*

«Imselben Moment als der Heilige starb, schrie der Mönch Agostino, Prior des Konvents, leidend und seinem Ende nahe und schon seit längerer Zeit ohne Sprache: warte auf mich, Vater, ich komme mit Dir, und sofort starb er und folgte dem Heiligen Vater. Der Bishof von Assisi, der auf dem Berg des heiligen Michaels, des Erzengels, weilte, sah den Heiligen Franziskus, der ihm sagte: "Jetzt fahre ich in den Himmel"».

22. *Die Feststellung der Stigmata.*

«Als der Heilige Franziskus tot in der Porziuncola lag, kam Meister Girolamo, berühmter Arzt und Wissenschaftler, und bewegte die Nägel mit den eigenen Händen und berührte Hände, Füße und Brust des Heiligen».

23. *Das Weinen der Klarissen.*

«Es hatte sich eine große Menge versammelt, als man den Körper des Heiligen nach Assisi brachte und der Heilige Körper war mit Zweigen und himmlischen Gemmen geschmückt und viele Kerzen wurden angezündet und so brachten sie ihn zur Heiligen Klara und den anderen Gott geweihten Jungfrauen».

24. *Die Heiligsprechung des Franziskus.*

«Der Papst kam persönlich in die Stadt von Assisi, untersuchte sorgfältig die Wunder im Beisein seiner Mönche und kanonisierte den Heiligen Franziskus und schrieb ihn ins Album der Seligen».

25. *Die Bestätigung der Wahrheit der Stigmata.*

«Da Papst Gregor die Wunde in der Brust des Heiligen bezweifelte, erschien ihm der Heilige Franziskus im Traum und sagte ihm: "Gib mir eine leere Ampulle; und nachdem er sie ihm gegeben hatte, sah er wie sie sich mit dem Blut aus der Brust des Heiligen füllte"».

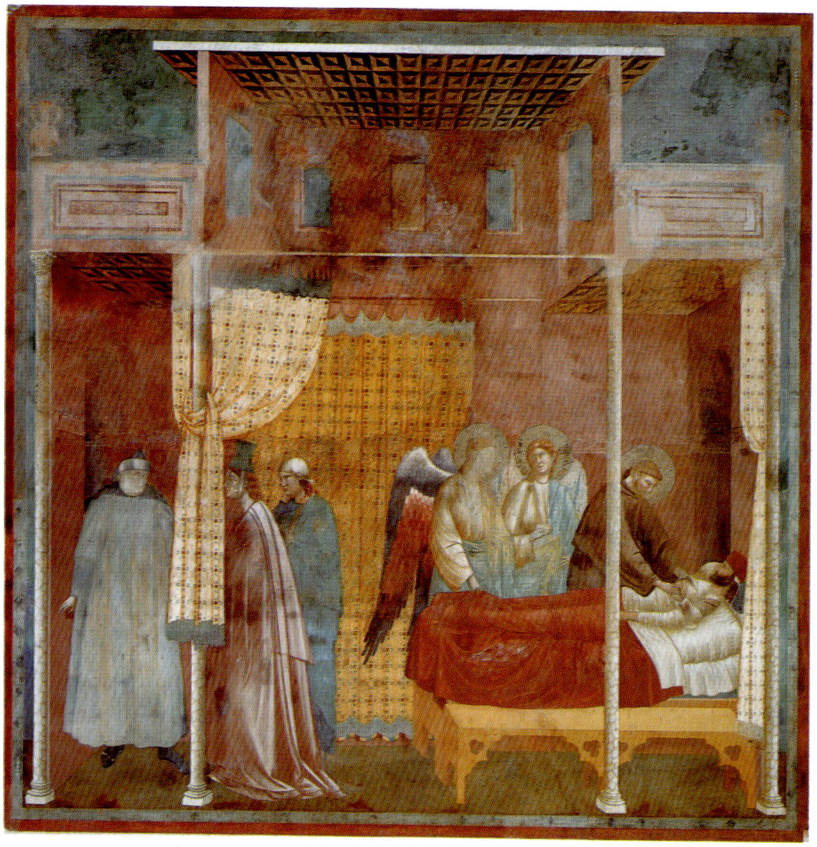

26. *Die Heilung eines Kranken.*

«Nachdem er mit seinen Händen die Binden gelöst und die Wunden leicht berührt hatte, heilte er sofort Giovanni di Ilerda, der todkrank dalag und von den Ärzten aufgegeben ihn demütig sofort bei der Verwundung gerufen hatte».

27. *Wiederauferstehung einer sündig gestorben Frau.*

«Der Heilige Franziskus machte diese tote Frau wieder lebendig, die nachdem sie im Beisein Geistlicher und Anderer eine Sünde gestanden hatte, die sie noch nicht gebeichtet hatte, erneut starb und im Herrn ruhte und der Teufel floh».

28. *Die Befreiung eines Häftlings.*

«Der Heilige Franziskus befreite diesen Häftling, der der Ketzerei beschuldigt worden war und vom Papst dem Bischof übergeben worden war; dies geschah am Namenstag desselben Heiligen Franziskus, an dessen Vortag derselbe Häftling nach den Regeln der Kirche gefastet hatte».

Die große Szene der Kreuzigung in der oberen Basilika; zu Füßen des Kreuzes, der knieende Hl. Franziskus.

DIE FRESKEN CIMABUES

Cimabue verdanken wir die Dekoration der Apsis und des Querschiffs der Oberkirche, dessen Farbgebung zum großen Teil verloren gegangen ist, das jedoch immer noch als das größte Monument seiner Kunst betrachtet werden kann. Mit seiner stufenweisen Loslösung von byzantinischen und mittelalterlichen Formen, bereitet er den Weg für Giotto.
Cimabue, Cenno di Pepo, wurde in Florenz um 1240 geboren. Als Jugendlicher beginnt er sowohl die Dominikaner als auch die Franziskaner zu frequentieren. Für sie begann er in Arezzo, Pisa und Florenz zu malen. Auf Einladung Papst Gregors IV. begab er sich nach Rom, und dank der Freundschaft des Kardinals Gaetano Orsini, entwickelten sich enge Beziehungen zu der römischen Schule des Jacopo Torriti, Pietro Cavallini und Filippo Rusuti. Mit ihnen kam er im Frühjahr 1278 nach Assisi. Während Torriti, Rusuti und Cavallini das Hauptschiff mit *Szenen aus dem neuen und alten Testament* freskierten, beendete Cimabue bis 1285 das Fresko der gesamten Apsis. Nachdem er nach Florenz zurückgekehrt war, starb er um 1300.
Im rechten Querschiffsarm befinden sich *Szenen der Apostelgeschichte*, den Heiligen Petrus und den Heiligen Paulus betreffend.; oben eine *Kreuzigungsszene* und die *Glorifizierung Christus'.*
In der Apsis sind Szenen aus dem *Leben der Madonna* dargestellt.
Im Gewölbe des Presbyteriums die *vier Evangelisten* mit den von ihnen bekehrten Städten: der Heilige Matthäus in Jerusalem; der Heilige Markus in Rom; der Heilige Lukas in Korinth; der Heilige Johannes in Ephesus.
Im linken Querschiffsarm *Szenen der Apokalypse* und hinter dem Altar die große *Kreuzigungsszene.*
Cimabue wollte zunächst Tafelbilder herstellen, unter Benutzung von Tempera, sodaß er den Putz der Wand nicht gut vorbereitet hatte, und die Feuchtigkeit die Farben schnell erreichen und verändern konnte. Außerdem hat er in seiner Komposition ein «silberweiß», verwendet, eine hochgiftige Farbe, die mit der Zeit schwarz wird und die Malerei dunkel und unkenntlich gemacht hat. Durch das Verdunkeln der hellen Teile ist aus dem Fresko ein gigantisches Negativphoto geworden.
Die große *Kreuzigungsszene* zeigt sich in ihrer gesamten außerordentlichen Dramatik: Oben die weinenden Engel um das Kreuz herum, die das Blut auffangen; unten zwei Personengruppen, die entgegengesetzte Gefühle zeigen, einige zugunsten, andere gegen Christus; zu Füßen des Kreuzes die Figur des Franziskus.

DER CHOR DER OBERKIRCHE

Unter den Fresken Cimabues befindet sich der großartige Chor aus Holz, wie ein großes Monument, das sich perfekt in die Kunst der Oberkirche mit einfügt. Das Werk, veranlasst vom Minister P. Francesco Sansone im Jahr 1491, wurde nach zehnjähriger Arbeit 1501, von Domenico Indovini di S. Severino Marche unter Mithilfe zahlreicher Schnitzmeister fertiggestellt. Das gesamte Werk kostete damals 755 Golddukaten.

In feinster Schnitzarbeit ausgeführt und mit Intarsien versehen, besitzt der Chor 102 Stühle, in venezianisch – gotischem Stil, einem spätgotisch – frührenaissancehaften Stil. Auf den einzelnen Chorstühlen befinden sich Frontispize mit reich geschnitzten Rosetten in der Mitte und an den Seiten Pinakes, die strahlenförmig auseinander gehen.

Unter den Giebelspitzen befinden sich in jedem Chorstuhl kleine Tabernakel, 38 an der Zahl, mit Muschelnischen klassischer Prägung, die in hellblau und Gold gefaßt sind. Auf dem Dorsale der Chrostühle befindet sich eine Serie von Gemälden, die Heilige, Denker und Schriftsteller zeigen, die dem franziskanischen Orden angehörten. Jedes Dorsale ist von einem Rahmen umgeben und jede Figur durch einen breiten Bogen, der fast als Aureole erscheint. Die Figuren, als Halbbüsten ausgeführt, treten lebhaft hervor, sind in den Haltungen immer wieder verschieden und zeigen im Profil oder frontal bemerkenswerte psychologische Nuancierungen. Unter den verschiedenen Figuren treten zwei besonders hervor: es sind jene der *Madonna* und des *Erzengels Gabriels* (an der äußersten Seite der Ecke, an der der Chor zurücktritt um sich an die Apsis anzulehnen) auf der einen und anderen Seite. Die beiden Bilder zeigen die Szene der *Verkündigung*. Die sanften und zarten Figuren sind einander zugewandt.

Darunter befindet sich ein zweites Chorgestühl, 34 an der Zahl, reich verziert mit Schnitzarbeiten und Intarsien, sowie architektonischen Prospektiven und stilisierten Blättern. Durch die Intarsien der Paneele des Chorgestühls, die am Kopf des Querschiffes anliegen ergeben sich einzigartige Perspektiven.

Der Chor ist zweigeteilt durch den *päpstlichen Thron* von 1250, der aus Elementen verschiedenster Provenienz stammt.

Vor dem Thron ist ein *Lesepult* aufgestellt, das ähnliche Vorteile wie der Chor aufweist. Es besteht aus zwei Teilen: eine Base, die das wirkliche Lesepult, das sich um seine Achse dreht, trägt. Die Basis enthält reichen Dekor: sie zeigt floreale Motive und an den Seiten die Figuren des Heiligen Franziskus und Antonius. Das Lesepult trägt die Intarsien zweier geöffneter *Kyriale* mit den gregorianischen Noten des *Kyrie* und des Gloria der Messe «*cum jubilo*».

Rechts die zwei hölzernen Intarsien des Chors der Oberkirche, die den Erzengel Gabriel und die Madonna zeigen, und einen Teil der Verkündigungsszene bilden.

DIE GLASFENSTER

Die beiden Kirchen erreichen den Höhepunkt ihrer Suggestionskraft mit der Zufuhr des Lichts, daß durch die Fenster gefiltert wird und von verschiedenen Künstlern ausgeführt wurde: von Deutschen, Franzosen und Italienern.

Auch wenn die 28 ursprünglichen Fenster nicht völlig erhalten sind, so stellen sie doch die «summa vitraria» des 13. und 14. Jahrhunderts dar. Die Sammlung kann eine dreifache Vorrangstellung was Schönheit und historische Bedeutung anbelangt, für sich in Anspruch nehmen: sie ist die Älteste in Italien; sie enthält die Probekartons der größten Meister jener Zeit (Cimabue, Giotto, Simone Martini); und sie ist die kompletteste Sammlung, Stilvarietät und Technik betreffend.

Die einzelnen Fenster erleuchten und übertragen ins Innere das natürliche Licht, aber wunderbarerweise in ein Spiel von Farben übertragen.

Die ersten Fenster waren jene der Apsis der Oberkirche, um die Mitte des 13. Jahrhunderts. Danach folgten jene des Hauptschiffs.

Jene der Unterkirche stammen vom Beginn des 14. Jahrhunderts und später.

Die dargestellten Themen sind biblische (*Altes* und *neues Testament*) und *Heiligenfiguren*.

Wunderschöne farbige Kirchenfenster schmücken die beiden Basiliken. Hier Detail mit Jesus und dem hl. Franziskus (links) und eine Gesamtansicht des Fensters im südlichen Querschiff der Oberkirche.

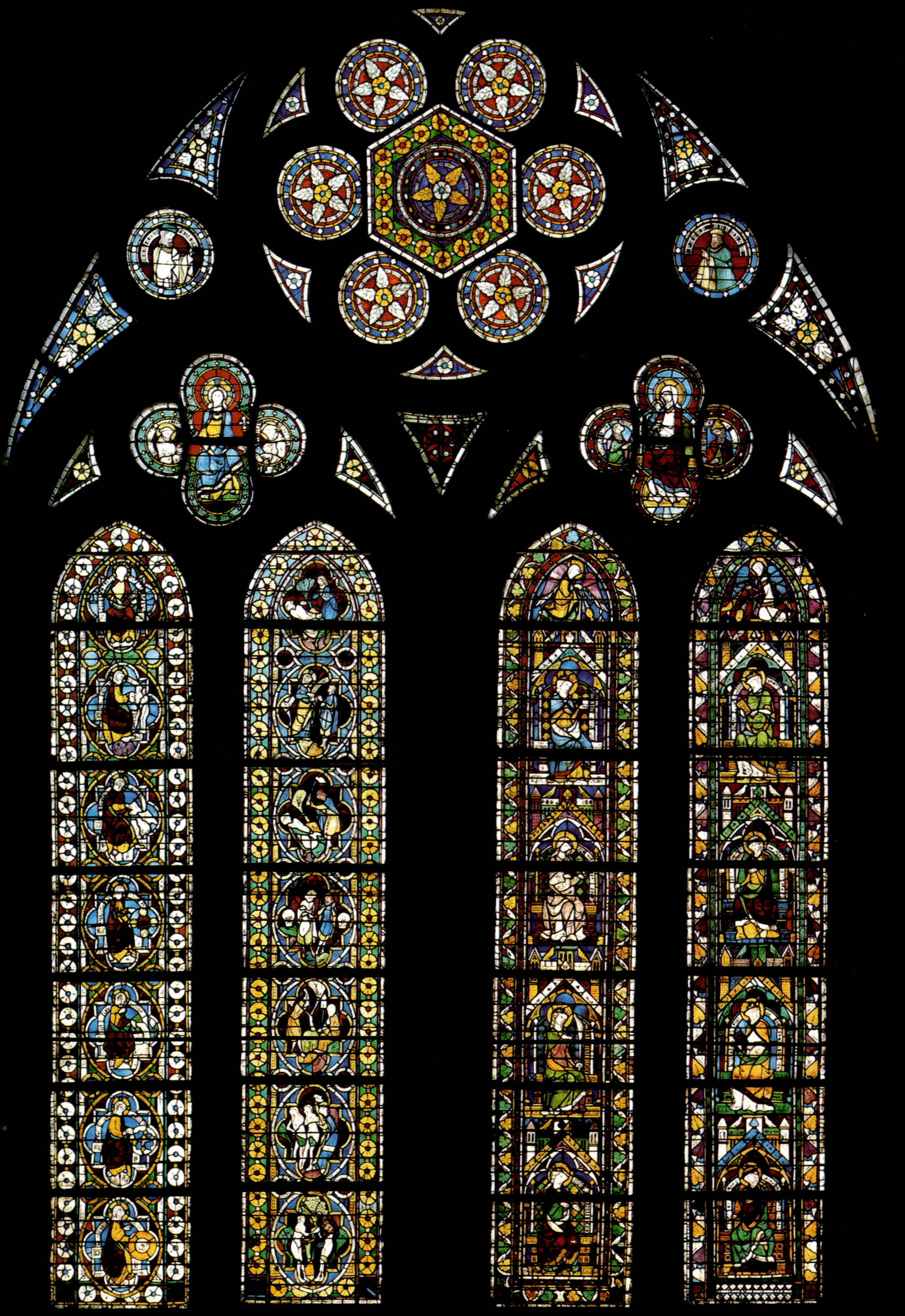

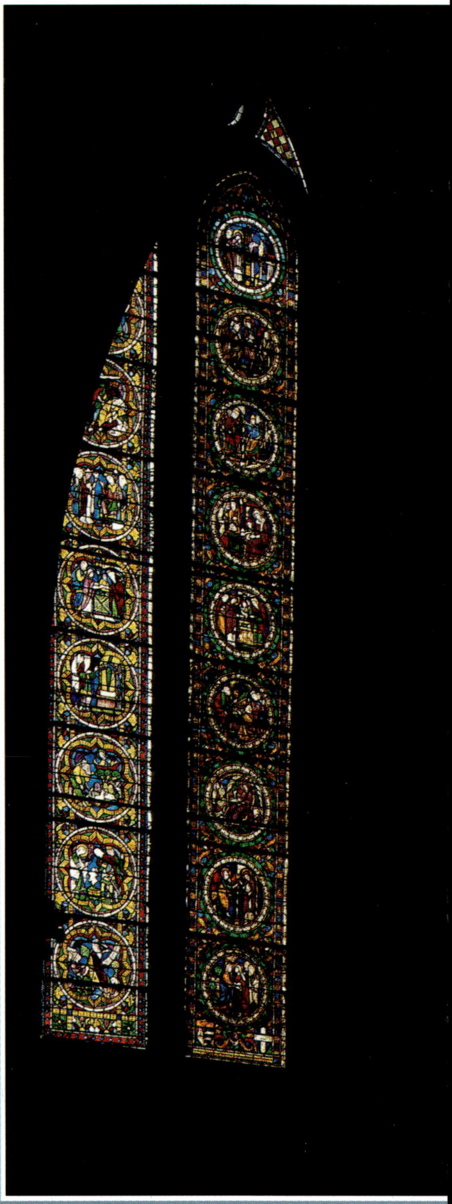

Details der wunderschönen Kirchenfenster mit den herausragenden Episoden aus dem Leben Jesus. In der Mitte eine Gesamtansicht der Apsisfenster in der Oberkirche, deren Farbenspiel wie eine kostbare Stickerei anmutet.

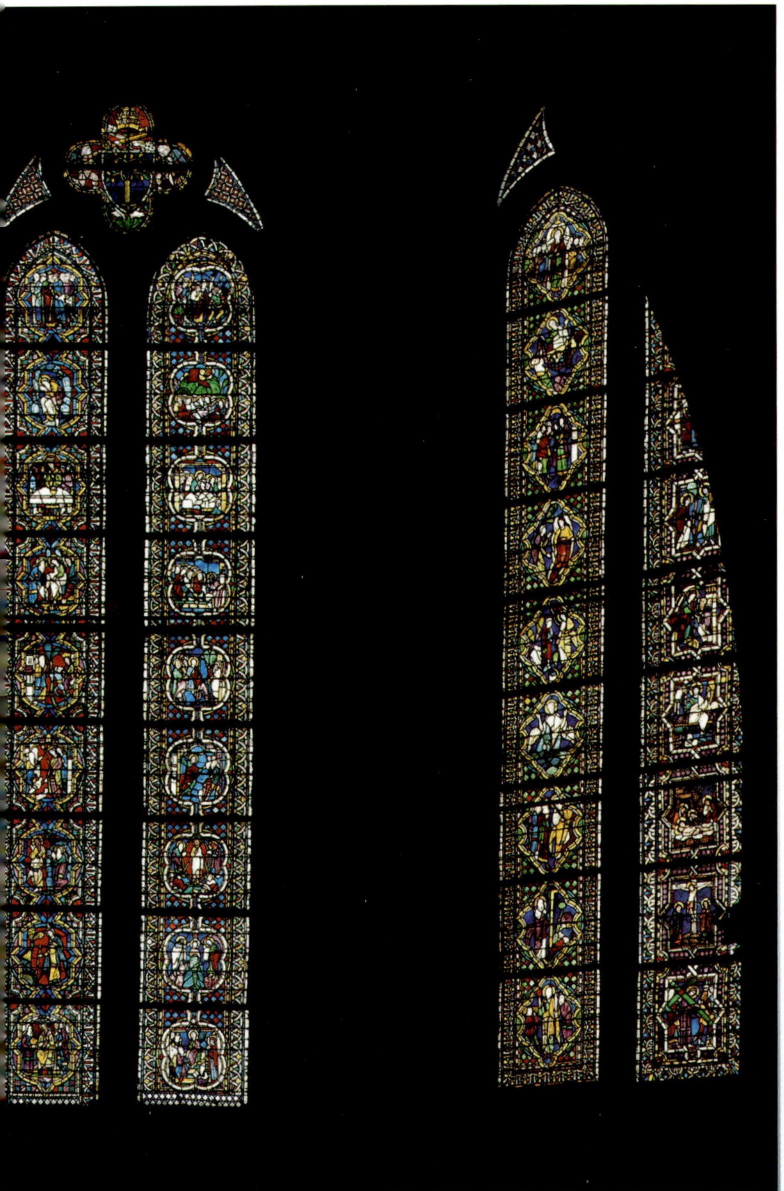

DAS WOHNGEBIET ASSISIS

Architekten, Maurer und Steinmetze haben Assisi ein unvergleichliches Gesicht gegeben. Die Zeit scheint hier vor der Schönheit stehen geblieben zu sein. Das Mittelalter regiert immer noch souverän. Der Straßenzustand ist immer noch der eines mittelalterlichen Städtchens, daß sich auf den Abhängen eines Berges gebildet hat. Die Hauptstraßen bewegen sich alle im Longitudinalsinn des Berges und steigen zum Rathausplatz hin an. Zwischen der einen und anderen schlängeln sich in vertikalem Sinn Straßen, Sträßchen, Gassen, Bögen, und Treppen.
An den Seiten der Straßen befinden sich die mittelalterlichen Häuser, die alle aus dem Stein des Subasio Berges gebaut wurden, und der nach dem Regen lebendig erscheint, rot im warmen Licht des Sonnenuntergangs und blaß unter dem Schein des Mondes oder der Schneeflocken. Auch die Pforten der Häuser, oft spitzbogig, sind aus Stein. Fast immer neben einem Haupteingang mit einer kleinen Treppe, die die Straße streift, kann man eine weitere Pforte entdecken, schmaler und mit einer wesentlich höheren Schwelle. Es ist die «Tür der Toten», die nur dazu diente, die Toten herauszulassen und sofort wieder geschlossen wurde.
Die Fenster der Häuser mit schmiedeeisernen Gittern versehen zeigen Blumenvasen, die die Straßen schmücken und den Besuchern eine heitere Atmosphäre vermitteln.
Zur Sicherheit der Stadt befindet sich das gesamte Zentrum innerhalb der **Stadtmauern**. Mauern, die zahlreiche Wechselfälle überlebt haben und das Geheimnis einer langen Geschichte in sich tragen: zunächst von den Umbrern und später von den Römern erbaut, wurden sie schließlich während der barbarischen Invasionen komplett zerstört. Von 1198-1199 wurden sie völlig neu errichtet und erhielten ihr definitives Aussehen um 1300 um auch die Basiliken des Heiligen Franziskus und der Heiligen Klara und die Abtei des Heiligen Petrus mit einzuschließen. Der Umfang der Mauern beträgt circa 5 km.
Sie vervollständigen das Stadtbild und bieten dem Besucher das Bild einer vergangenen Zeit. Von den acht Stadttoren wurden drei im 13. Jahrhundert (**Porta San Giacomo, Porta Perlici, Porta Moiano**) und drei im 15. Jahrhundert (**Porta San Francesco, Porta Nuova, Porta San Pietro**) errichtet.

Malerische Winkel in den Straßen von Assisi mit ihren alten Natursteinhäusern. Schmale Treppen und charakteristische Brunnen schaffen eine mittelalterliche Atmosphäre.

MONTE FRUMENTARIO, RÖMISCHE MUSEUM UND MINERVATEMPEL

Die erste Römische Invasion in Umbrien erfolgte 309 n. Chr. durch den Konsul Quintus Fabius. Von diesem Moment an wurde Assisi auch in den Machtbereich Roms miteinbezogen, bis es schließlich *municipium romanum* wurde. Eine spezielle Bedeutung, die besondere Requisiten erforderlich machte: das Forum, den Tempel, die Thermen, das Theater und das Amphitheater.

Assisi sicherte Spuren all dieser Gebäude: auf dem Rathausplatz befindet sich noch der **Minervatempel**; unter demselben Platz sieht man die Reste des **Forums**; ein wenig entfernt vom Zentrum, in der Peripherie der Stadtmauern befinden sich noch Spuren der **Thermen**; neben der Kathedrale von San Rufino befinden sich noch Reste des **Theaters**; die Reste des **Amphitheaters** liegen in der Nähe der Porta Perlici. Abgesehen von diesen Bauten befinden sich noch verschiedene archäologische Funde im gesamten Stadtgebiet.

Steigt man von der Basilika des Heiligen Franziskus zum Rathausplatz hinauf, so begegnet man am Anfang der via San Francesco dem **Monte Frumentario** und zu Beginn der via Portica dem **Museo del Foro romano**.

Der Monte Frumentario ist ein Bau von 1267. Am Anfang diente er als Krankenhaus für die Armen, später wurde er Sitz eines Agrar-Kreditinstitutes, und jetzt dient er als Ausstellungsraum. Von bemerkenswerter Schönheit ist der Bogengang mit graziösen Bögen und Kapitellen in byzantinischem romanisch-gotischem Stil.

Das römische Museum enthält außer etruskischen Steinurnen Inschriften und römische Kapitelle. Von besonderem Interesse: zwei verstümmelte römische Statuen und ein Sarkophag aus dem 2. Jahrhundert n. Chr.

Das römische Forum befand sich ursprünglich vier Meter unterhalb des heutigen Platzes. Während der Ausgrabungen, die 1938 durchgeführt wurden, fand man den antiken römischen Bodenbelag und eine lange Mauer, die die Basis des vorstehenden Minervatempels bildete. Vor der Mauer befindet sich eine rechteckige Basis auf zwei Stufen (vielleicht das Gericht) und im Zentrum des Forums eine weitere Basis eines Monumentes, dessen Inschrift besagt, daß es bestimmt sei um die Statuen der Dioscuren, Kastor und Pollux zu enthalten.

Verläßt man das Museo-Foro Romano und geht einige Schritte weiter, so erreicht man den Rathausplatz, wo in wunderbarster Weise der *Minervatempel* erhalten ist. Ursprünglich war das Bodenniveau niedriger und zwei Treppen führten zum Tempel. Aus diesem Grund war das Gebäude höher, luftiger und erschien eleganter. Jedenfalls ist seine äußere Schönheit völlig intakt. Es ist ein korinthischer Peripteros aus den ersten Zeiten des Imperiums. Der Pronaos besteht aus sechs kannelierten Säulen, die das Gebälk und den flachen Giebel tragen.

Schmal und lang zeigt der heutige Platz des Rathauses noch die ungefähre Form des antiken römischen Forums und hat auch weiterhin den Charakter des Zentrums des täglichen Lebens beibehalten. Der Platz erhält seine besondere Bedeutung durch die verschiedenen Monumente, die ihn umgeben.

Der Minervatempel, Goethe schrieb in seiner *Italienischen Reise* dazu: «...und siehe das löblichste Werk stand vor meinen

Oben der elegante Arkadengang des Monte Frumentario; Auf der Nebenseite eine Ansicht des Rathausplatzes mit dem Palazzo del Capitano del Popolo, der Rathausturm und der Minervatempel.

Augen, das erste vollständige Denkmal der alten Zeit... Ein bescheidener Tempel wie er sich für so eine bescheidene Stadt schickte, und doch so vollkommen, so schön gedacht, daß er überall glänzen würde... An der Fassade konnte ich mich nicht satt sehen, wie genialisch konsequent auch hier der Künstler gehandelt... Was sich durch die Beschauung dieses Werks in mir entwickelt, ist nicht auszusprechen und wird ewige Früchte bringen».
1539 wurde durch Papst Paul III. das Gebäude geweiht und der Jungfrau Maria gewidmet und erhielt den Titel «Santa Maria sopra Minerva». Das Innere wurde vor 1634 von Giorgetti verändert und später im 17. Jahrhundert durch F. Appiani.

Die hervorragend erhaltene Fassade des Minervatempels. Daneben der wuchtige Rathausturm.

PALAZZO DEL CAPITANO DEL POPOLO UND PALAZZO DEI PRIORI

In der Nähe des Tempels erhebt sich der **Turm des Rathauses**, 45 m hoch, auf quadratischem Grundiss und mit gibellinischen Zinnen bekrönt. Er wurde 1275 begonnen und 1305 fertigestellt. Auf der Spitze des Turmes befindet sich die «campana delle Laudi», 40 Doppelzentner schwer und 1926 von den Gemeinden Italiens gestiftet. An der Basis ist aus verschiedenen Ziegeln ein Muster von Maßen angebracht, die einstmals in Assisi ihre Gültigkeit hatten.
Neben dem Turm befindet sich der **Palazzo del Capitano del Popolo oder del Podestà**. Er wurde 1282 errichtet. Er besteht aus drei Geschossen und ist mit guelfischen Zinnen bekrönt.
Auf der gegenüberliegenden Seite des Platzes befindet sich der **Palazzo dei Priori**, Sitz des Rathauses. Er wurde 1337 errichtet, 1927 restauriert und besteht aus drei Gebäuden verschiedener Epochen. Ein Saal des Gebäudes wird «Sala della Conciliazione» genannt, da 1926 dort die Grundlage für den Dialog geschaffen wurde, der dann zu den lateranischen Verträgen zwischen dem italienischen Staat und dem Heiligen Stuhl führte.
Im unteren Teil des Gebäudes befindet sich die **Pinacoteca Comunale** mit ungefähr Hundert Werken verschiedener Künstler vom 14. Jahrhundert an beginnend.

Brunnen (18. Jh.) auf dem Rathausplatz und zwei Ansichten des mächtigen zinnenbekrönten Turms.

DAS MAIFEST

Das Maifest ist ein Fest, das den Beginn des Frühjahrs anzeigt und mit dem Brauchtum einiger Volksgruppen verbunden ist, die so den Übergang vom Winter zum Frühjahr feiern.
Das heutige Fest in Assisi wurde 1927 zum erstenmal auf Veranlassung von Arnaldo Fortini gefeiert. Die heutige Form hingegen entstand erst 1954. Die Stadt, die sich in ein oberes und unteres Gebiet teilt, was auf eine Rivalität aus dem 14. Jahrhundert zurückgeht, belebt sich für drei Tage mit den verschiedensten Darbietungen.
Alles beginnt mit der Beflaggung der Stadt, mit der Ankündigung des Festes durch den öffentlichen Ausrufer der Stadt und der Öffnung der Tavernen.
Am Nachmittag nach einem kurzen Umzug findet die Segnung der Banner statt: der obere Teil der Stadt an den Heiligen Franziskus und der untere Teil an den Heiligen Rufinus.
Auf dem Rathausplatz übernimmt der «maestro di campo» die Macht über die Stadt für die gesamte Dauer des Festes. Am Abend gibt es im unteren Teil der Stadt Darbietungen mittelalterlichen Lebens.
Am zweiten Tag finden mittelalterliche Spiele und die Vorstellung der Armbrustschützen für die Proklamation der Jungfrau des Frühlings statt. Am Abend finden im oberen Teil der Stadt Darbietungen mittelalterlichen Lebens statt.
Am dritten Tag, am Nachmittag großer Umzug der historischen Höfe der zwei Teile der Stadt und Verlesung der Fehdebriefe. Am Abend, wenn die Stadt mittelalterlich erleuchtet ist, findet die singende Fehde zwischen beiden Teilen der Stadt statt, sowie die Überreichung des Kampfpreises.
Die Schönheit der Kostüme, die Lebendigkeit der Menschen, und das mittelalterliche Klima lassen die Stadt in einer einzigartigen Atmosphäre erscheinen.

DIE BRUNNEN

Der Brunnen ist ein Monument des Wassers und ein Zeichen des Lebens in der menschlichen Gemeinschaft. Wasser erweckt Lebensfreude und die Gelegenheit der Begegnung zwischen Menschen.
In Assisi gibt es verschiedene Brunnen, die das Stadtbild verschönern. Zwei erheben sich auch, gemeinsam mit vielen historischen Erinnerungen, als kleine Meisterwerke der Kunst.
In der via San Francesco, neben dem Monte Frumentario befindet sich der **Fonte Oliviera**, 1570 von Oliviero Federici erbaut. Auf den Wasserhähnen befindet sich die Inschrift: «Einen scudo und den Verlust der Wäsche als Strafe wer in diesem Brunnen wäscht».
In der via Fontebella trägt der **Fonte Marcella** den Namen des Senesen Marcello Tuto, der ihn 1556 erbauen ließ.
Er besteht aus einem rechteckigen Becken, das in Quadrate mit Wappen, Blumen und Blättern unterteilt ist. Das Wasser fließt aus drei Masken.

Seite gegenüber: Das Maifest (Calendimaggio) mit Komparsen in historischen Kostümen.

Zwei Brunnendetails der Fonte Marcella (16. Jh.).

DIE GESEGNETE STADT

Als der Heilige Franziskus kurz vor seinem Tod von Assisi nach Santa Maria degli Angeli herunterkam, wandte er sich auf der Hälfte des Weges zu seiner Stadt um und segnete sie mit folgenden Worten: «Gesegnet seist Du von Gott, Du Heilige Stadt, sodaß viele Deiner Seelen gerettet werden und in Dir viele Diener Gottes wohnen werden und von Dir viele in das Königreich des ewigen Lebens erwählt werden».
Der Segen des Heiligen hat sich immer bewahrheitet und hat bewirkt, daß die Stadt selbst in jedem Jahrhundert eine «geistige Stadt» und ein «neues Jerusalem» wurde. Viele erwählte Seelen haben sich in Assisi aufgehalten und dort Erfolg gehabt nur aus religiösen Gründen.
Wer auf diesen Heiligen Berg steigt, erkennt, daß der Heilige Franziskus noch lebt in dieser Stadt und die geistigen Werte der franziskanischen Lehre (die Nächstenliebe, Suche nach dem Frieden, Suche nach Gott, die Liebe zur Natur, Geschenk der Arbeit, universale Brüderlichkeit, ökumenische Aufgeschlossenheit, und Gehorsam der Heiligen Mutter Kirche gegenüber) für jeden erreichbar sind. Der Heilige Franziskus ist ein kontinuierliches Geschenk Gottes an die Kirche und an die Welt.
Der Weltkirchentag des Gebetes für den Frieden, der am 27. Oktober 1986 in Assisi stattfand, hat viele dazu geführt, die religiöse Geschichte unserer Zeit in «vor Assisi und nach Assisi» zu unterteilen.
Besucht man die Kathedrale von San Rufino, die Basilika von Santa Chiara und die vielen anderen Heiligtümer der Stadt, so erkennt man, daß die Worte «Gebet», «Frieden», «Brüderlichkeit» keine leeren Worte sind, sondern Werte, die das Leben des Menschen vervollständigen. Es ist das, was allgemein als der Geist von Assisi bezeichnet wird.

Die Stadt mit seinen Kunsthandwerkstätten, seinen Brunnen und seinen Häusern.

DIE KATHEDRALE VON SAN RUFINO

Die Kathedrale von Assisi ist dem Märtyrer San Rufino geweiht. An der Stelle der heutigen Kirche bestand ein Vorgängerbau, die sogenannte «*parvula basilica*», die im 18. Jahrhundert erbaut wurde, um die sterblichen Reste des Heiligen zu bewahren und zu bewachen, und der vom Ort des Martyriums, am Fluß Chiascio in der Nähe von Costano, 238 n. Chr. überführt worden war.
Um 1028 , als Folge einer Wundertat, ließ der Bischof Ugone die bestehende Kirche abreißen um dort eine neue zu errichten, wohin er wenige Jahre danach, 1035, den Bischofssitz von Santa Maria Maggiore verlegte.
Auch diese Kirche bestand nur kurze Zeit. Um 1134 wurde sie vom Bischof Clarissimo abgerissen um dort eine schönere und großartigere zu errichten. Auf Veranlassung des Priesters Ranieri wurde der Entwurf und die Ausführung Giovanni da Gubbio übertragen. Auch der Campanile wurde um ein Geschoss erhöht.
Die 1140 begonnenen Arbeiten kamen nur langsam vorwärts. Erst 1253 weihte Papst Innozenz IV. offiziell das Heilige Gebäude. Die Messe wurde jedoch schon gelesen, und Papst Gregor IX. weihte den Altar 1228, als er zur Kanonisierung des Heiligen Franziskus in Assisi weilte.
Zeuge dieser Diskontinuität der Arbeiten ist die **Fassade**, die

Die schlichte Architektur des Doms San Rufino. Rechts ein Detail der zentralen Fensterrose.

aus drei übereinander liegende Schichten besteht: die untere Zone ist aus dem 12. Jahrhundert, während die oberste ein Jahrhundert später entstand und schon in Formen entworfen und ausgeführt wurde, die der Romanik fremd waren.
Die *untere Zone* zeigt eine Oberfläche, die in Quadrate aufgeteilt ist, die regelmäßig nach oben hin größer werden und so eine bemerkenswerte Suggestivität vermitteln. Drei Portale teilen die Fassade, die mit verschiedenen geometrischen und Tierzeichnungen geschmückt ist. Der Bogen über dem Hauptportal ist mit Blumenmotiven verziert. In der Lunette innerhalb des Kreises befindet sich die *Figur Jesus' auf dem Thron*; links daneben die Madonna, die das Jesuskind stillt und rechts San Rufino. An der Basis des Hauptportals befinden sich zwei Löwen und an der Basis der Seitenportale Greife. In der Lunette des linken Portals sind zwei Löwen, die aus einem Krug trinken, während im rechten Portal zwei Vögel dargestellt sind.
Die mittlere Zone beginnt mit einer kleinen Säulengalerie. Die Kapitelle sind alle klassischer Prägung. Sowohl in der Dimension als auch in der Form unterscheiden sich alle Säulen, Bögen und Kapitelle voneinander. In der Mitte befinden sich drei Rosetten, die außer dekorativer Funktion auch das Licht ins Innere der Kirche bringen sollten. Um die mittlere Rosette sind die vier *Symbole der Evangelisten* dargestellt, während sich an der Basis drei Figuren als Karyatiden, die sich auf Tiere stützen, befinden.
Die obere Zone ist ganz glatt gehalten, fast in gotischem Stil und zeigt ein dreieckiges Tympanon.
Aufgrund des schlechten statischen Zustandes wurde das **Innere** der Kathedrale nach 1567 von Galeazzo Alessi völlig neu gestaltet. Es ist dreischiffig und wird durch massive Pfeiler unterteilt.
Im Innern der Kirche, abgesehen von einigen Gemälden des 16. und 17. Jahrhunderts, vor allem von Dono Doni, sind der Erwähnung wert *das Taufbecken*, das im Eingang des rechten Seitenschiffes steht. Hier wurden der Heilige Franziskus, die Heilige Klara, Friedrich II. von Schwaben und fast alle ersten Schüler des Heiligen Franziskus getauft; *das Oratorium des Heiligen Franziskus*, in das sich der Heilige vor der Predigt in der Kathedrale zurückzog um zu beten. Man gelangt dorthin von der Sakristei aus; zu Seiten des Hauptaltares die Statuen des *Heiligen Franziskus* und der *Heiligen Klara* von Giovanni Dupré (1881) und hinter dem Altar jene des San Rufino von P.

Links einer der Löwen neben dem Hauptportal von San Rufino.
Oben das Taufbecken und ein Detail des römischen Sarkophags in der Domkrypta, in dem die Gebeine des hl. Rufino beigesetzt sind.

Auf den folgenden Seiten, der vordere Teil der Standarte der Bruderschaft von San Rufino aus dem 14. Jahrhundert, mit dem Heiligen Franziskus zwischen Engeln; auf der Nebenseite die Rückseite derselben Standarte mit der Kreuzigung und Stigmatisierung des Heiligen Franziskus und des Heiligen Leonardo.

Lemoyne (1823).
Die römische Zisterne (1. Jahrhundert n. Chr.), am Eingang des linken Seitenschiffes, auf die der Campanile aufliegt.
Reste der primitiven Basilika Ugones finden sich in der Krypta und im Kreuzgang, der an den Platz anschließt.
Die *Krypta* liegt unter der Kathedrale und besteht aus drei Schiffen mit Kreuzgewölben und einer Apsis. In ihr befindet sich ein *Sarkophag* aus romanischer Zeit (III. Jahrhundert) in dem die sterblichen Reste des San Rufino ruhen.

DAS KAPITELMUSEUM

Neben der Kathedrale befindet sich das «museo capitolare», das Heilige Geräte, Säulenfragmente, römische Inschriften und Gemälde umbrischer Schule, darunter ein Tryptichon von Nicolo Alunno und eines von Puccio Capanna aus Assisi, bewahrt.
Besondere Aufmerksamkeit verdient das «*Stendardo della Fraternita di San Rufino*»; ein Werk eines unbekannten umbrischen Malers vom Ende des 13. Jahrhunderts. Es ist ein Banner mit zwei Seiten: auf der einen Seite der Heilige Franziskus auf dem Thron zwischen musizierenden Engeln und unten die Gezüchtigten mit einer Leiche in der Mitte; auf der anderen Seite oben eine Kreuzigung, darunter die Stigmata des Heiligen Franziskus und der Heilige Leonard mit zwei Gezüchtigten.
Wahrscheinlich entstammte das Banner der Bruderschaft des Heiligen Franziskus, auch San Leonardo oder Stigmata genannt.
Die Ikonografie der Geschichten leitet sich von den Fresken der Unterkirche her: besonders evident ist der Bezug zu den Gewölben, zu Lorenzetti, zur Kreuzigungsszene Giottos.

SANCTA

Oben das Gewölbe der Basilika mit Fresken des «Meisters der Santa Chiara»; auf der Nebenseite das Kruzifix in der gleichnamigen Kapelle der Basilika, das in San Damiano aufbewahrt wird, und das zum Heiligen Franziskus sprach.

Ehren zu errichten, als die Klarissen dem Kapitel von San Rufino ihr erstes Kloster und die Kirche von San Damiano vermachten und dafür die Kirche von San Giorgio mit den dazugehörigen Gebäuden bekamen.

Unter der Direktion des Fra Filippo da Campello gelangte der Bau schnell zu seinem Ende, sodaß am 3. Oktober 1260 der Körper der Heiligen dorthin gebracht werden konnte und die Gemeinschaft der Klarissen von San Damiano zum neuen Kloster übersiedeln konnte.

In künstlerischer Hinsicht ist die Basilika der S. Chiara in gotischem Stil ausgeführt und stellt eine Imitation der Oberkirche des Heiligen Franziskus dar. Das Äussere zeigt drei emporrankende Bögen vom Ende des 14. Jahrhunderts, die der Kirche ihren charakteristischen Aspekt verleihen. Rechts neben der Apsis erhebt sich der Campanile auf quadratischem Grundriß.

Die **Fassade**, die mit einem Dreiecksgiebel nach oben hin abschließt, ist in weißem und rosa Gestein ausgeführt und in drei Zonen durch Friese auf kleinen Konsolen unterteilt: in der unteren Zone öffnet sich ein großes Portal; in der mittleren befindet sich eine große Rosette; und im Tympanon ein kleines Rundfenster. Das gotische Portal zeigt eine schmale Bogenlaibung, in der drei glatte Säulen aus weißem und rosa Gestein verschmelzen. Die Kapitelle zeigen stilisierte Blätter, von denen glatte Bänder ausgehen, die dem Verlauf des Bogens folgen bis zu einem äußeren leicht spitzbogigen Ring, der von zwei brüllenden Löwen in rosa Gestein gehalten wird.

Das **Innere** der Basilika ist einschiffig in gotischem Stil und mit Kreuzgewölben versehen. Die beiden Seitenkapellen wurden zu Beginn des 14. Jahrhunderts angefügt. Anfangs völlig mit Fresken ausgemalt ist die Kirche heute völlig schlicht gehalten, nachdem die Fresken im 17. Jahrhundert entfernt wurden.

An der rechten Seitenwand befindet sich eine Pforte, durch die man in die *Cappella del Crocifisso* gelangt; die Kapelle birgt außer dem *Kruzifix*, das zum Heiligen Franziskus in San Damiano sprach, zahlreiche bedeutende Reliquien: das Brevier und die Kutte des Heiligen Franziskus, das Hemd, das von der Heiligen Klara gestickt wurde, die Kutte und der Mantel der Heiligen Klara, die Haare der Heiligen.

Etwas weiter vorne gelangt man in die *Cappella del Santissimo*, in der sich einige Fresken aus der Schule Giottos befinden. Hier befand sich die damalige Kirche von San Giorgio, die damals außerhalb der Stadtmauern lag. Hier lernte der Heilige Franziskus als kleiner Junge lesen und erhielt seinen ersten religiösen Unterricht. Hier ruhten seine sterblichen Überreste von 1226 bis 1230 und hier sprach ihn Papst Gregor IX. 1228 heilig. Auch der Körper der Heiligen Klara ruhte bis zur Fertigstellung der Basilika hier.

Vom Innenraum gelangt man zur *Krypta*. In einer Kristallurne ist der Körper der Heiligen sichtbar, die 1850 in einem Steinsarkophag unter dem Hauptaltar gefunden wurde. Damals wurde die Krypta in einem nachgeahmten gotischen Stil erbaut. Steigt man eine kleine Wendeltreppe in der Mitte der Krypta hinauf. So kann man die Grabnische sehen, in der die sterblichen Reste der Heiligen sechs Jahrhunderte lang geruht hatten. Vom 17. November 1986 bis zum 12. April 1987 wurde die letzte Rekognoszierung und die letzten Konservierungsmaßnahmen vorgenommen.

IHS NAZARE
REX IUDEORV

Links einige Reliquien des Heiligen Franziskus und der Santa Chiara, die in der Basilika der Heiligen aufbewahrt werden; unten ein Fresko, das die Geburt Jesu im linken Transept der Basilika darstellt; daneben, oben, noch eine Geburt Jesu in der Kapelle des Heiligen.

In der Mitte des Hochaltares befindet sich ein großartiges *Kruzifix* des 13. Jahrhunderts eines unbekannten Künstlers. Über dem Presbyterium sind einige Fresken erhalten: die Gewölbe mit *Heiligenfiguren* werden im allgemeinen Maso di Stefano, einem Künstler aus der Werkstatt Giottos, zugeschrieben.
Im linken Querschiff befindet sich ein Fresko mit einer *Jesu Geburtszene* eines unbekannten umbrischen Malers aus dem 14. Jahrhundert. Auch wenn das Gemälde zum Teil verstümmelt ist, bestehen doch Verbindungen zu einem ähnlichen Fresko in der Basilika des San Francesco.
Im rechten Querschiff befindet sich ein wertvolles *Tafelbild* des «Meisters der Santa Chiara» des 13. Jahrhunderts, das in der Mitte die Heilige und um sie herum acht Episoden aus ihrem Leben zeigt.
Auf der linken Seite des Kirchenschiffs befindet sich noch die Cappella di S. Agnese, in der einige erste Schüler der Heiligen begraben sind. Die Dekoration und die Fresken sind aus dem 20. Jahrhundert.

Ein in Tempera ausgeführtes Tafelbild für einen mehrflügligen Altarschrein.

Auf dem zentralen Bild befindet sich die Madonna mit dem segnenden Kind. Auf der linken Seite: die *Verkündigung*, die *Geburt*, die *Anbetung der Heiligen drei Könige* und die *Gefangennahme Jesu*. Auf der rechten Seite: die *Geißelung*, die *Kreuzigung*, die *Kreuzabnahme* und die *frommen Frauen am Grab*. Die Geschichten orientieren sich an byzantinischen Vorbildern. Der Autor ist wahrscheinlich Rainaldo di Rainuccio, ein Maler aus Spoleto. Wahrscheinliches Entstehungsdatum des Werkes: drittes Viertel des 13. Jahrhunderts.
Es wird in der Reliquienkapelle der Basilika aufbewahrt.

DER KLEINE HEILIGE FRANZISKUS

Eine Legende des 15. Jahrhunderts erzählt, daß Madonna Pica, schon in Wehen, das Kind nicht zur Welt bringen konnte. Da erschien ihr ein armer Wanderer, der ihr verhieß, daß sie das Kind nur in einem Stall gebären könne. Die Frau gehorchte und dieses war demzufolge das Oratorium, in dem der Heilige Franziskus geboren wurde.

Es ist ein rustikaler, rechteckiger Raum. Im Innern befinden sich Spuren von Fresken aus dem 13. und 14. Jahrhundert. Auf der Eingangstür befindet sich eine Inschrift (um 1300), die folgendermaßen lautet: «*Hoc oratorium fuit bovis at asini stabulum in quo natus est Francisci mundi speculum*» (dieses Oratorium war Stall eines Ochsen und eines Esels, in dem Franziskus geboren wurde, Spiegel der Welt).

In der Umgebung befand sich das väterliche Haus des Heiligen Franziskus.

SANTA MARIA MAGGIORE

Einigen Historikern zufolge soll die Kirche Santa Maria Maggiore auf den Fundamenten eines Janustempels errichtet worden sein. Dieses Viertel der Stadt trägt in der Tat den Namen «Moiano», was wahrscheinlich auf «*mons Jani*», Hügel des Janus zurückgeht. Nicht weit davon entfernt befindet sich ein Stadttor, das «Porta di Moiano» genannt wird. 1895 während der Restaurierungsarbeiten wurde unter der Kirche ein Raum gefunden, der durch vier monolitische Säulen geteilt war. Noch weiter darunter wurden die Reste eines römischen Wohnhauses gefunden, von Einigen für das Haus des Properzius gehalten.
Santa Maria Maggiore ist Kathedrale von Assisi bis zum zweiten Jahrzehnt des 11. Jahrhunderts gewesen. Die heutige Struktur des Gebäudes geht auf eine Rekonstruktion nach einem Brand von 1212-1218 zurück.
Das Äussere zeigt eine breite **Fassade** mit spitz zulaufendem Giebel. Sie ist in grauem Gestein ausgeführt mit zwei Eingangsportalen und zeigt als einzigen Schmuck eine Rosette mit acht Stäben. Es handelt sich hier um ein antikes Beispiel einer Rosette der romanischen Architektur, wahrscheinlich von Giovanni da Gubbio, dem ersten Architekten der Kathedrale von San Rufino.
Hinter der Apsis befindet sich der romanische Campanile des 14. Jahrhunderts.
Das **Innere** der Kirche ist dreischiffig, ohne Querschiff und schmucklos. Es enthält wenige Freskenfragmente, fast alle des späten 14. Jahrhunderts. Bemerkenswert eine *Krippe* umbrischer Schule.
In der Nähe des Presbyteriums führt eine Treppe in das unterirdische Gebäude. Im linken Seitenschiff, an der Seite des Eingangs, befindet sich der *Sarkophag*, der erst vor kurzem gefunden wurde und auf das 8. oder 9. Jahrhundert datiert, ein Kreuz zwischen Lebenssymbolen zeigt.
Angrenzend an die Kirche befindet sich das Gebäude des **Bischofs**, in dem der junge Franziskus in einem Ort, der «einem Saal des Verzichts» entspricht, sich vor dem Bischof Guido entkleidete und auf seine väterlichen Güter verzichtete, und wo der Heilige einige Tage als Gast des Bischofs verbrachte, bevor er sterbend zur Porziuncola hinunterging.
Im selben Bischofspalast versöhnte Franziskus den Bischof Guido mit dem Bürgermeister von Assisi und komponierte bei der Gelegenheit die Strophe des Liedes, das von der Verzeihung handelt: «Gelobt seist Du, mein Herr, für jene, die durch Deine Liebe verzeihen und Krankheit und Bedrängnis ertragen. Glücklich jene, die es in Frieden ertragen, da sie von Dir, Höchstem gekrönt werden».

Auf der Nebenseite oben die Kirche Santa Maria Maggiore; unten das Oratorium des kleinen Heiligen Franziskus. Darunter die Kirche Santa Maria Maggiore und das Stadtviertel von Moiano.

DIE ABTEI VON SAN PIETRO

Kaum hat man die Pforte San Pietro überschritten, trifft man auf ein besonders graziöses Bild: eine strenge Kirche mit einer Kuppel und einem schönen Campanile auf quadratischem Grundriss in romanischem Stil. Es ist die Kirche von San Pietro mit angrenzender Abtei der Benediktiner. Im Dunkeln liegt der Ursprung dieser Abtei, die den Titel des Fürsten der Apostel trägt und bis zum Beginn des 14. Jahrhunderts außerhalb der Stadtmauern lag und erst nach dem Bau der neuen Stadtmauern dem Rest der Stadt angegliedert wurde. Das älteste Dokument ist von 1029. Wahrscheinlich wurde 1253 die erste Erweiterung der Kirche beendet. In diese Zeit werden die Gewölbe datiert, sowie auch der Tambour, dessen Ziegelmauerwerk in konzentrischen Kreisen ausgeführt ist, ein Werk bemerkenswerter architektonischer Qualität. Die Kuppel erhebt sich über dem erhöhten Presbyterium, circa ein Meter über der gesamten Kirche, in Form eines Trichters in arabisch-normannischem Stil.
Die dreischiffige Kirche wurde 1253 von Innozenz IV., der damals in Assisi weilte, geweiht. Die letzte große Umgestaltung des Gebäudes fand 1268 statt, zur Zeit des Abtes Rustico, die Arbeiten betrafen vor allem den oberen Teil der Fassade.
Im **Innern** befinden sich einige Gräber aus der Zeit um 1300. In der Kapelle links des Hauptaltares ein Tryptichon von Matteo da Gualdo, das die *Madonna mit dem Kind* und an den Seiten *San Pietro* und *San Vittorino* zeigt. Von letzterem Heiligen werden hier die Reliquien aufbewahrt, wahrscheinlich wurden sie hierher gebracht, da die Abtei von San Pietro im Zusammenhang mit der Stiftung des San Vittorino steht. Als letzterer verstarb, übernahm das Kloster von San Pietro das Erbe und überführte die Reliquien des Märtyrers in die eigene Kirche.
Das Äussere der Kirche von San Pietro wird bestimmt durch die wunderschöne rechteckige **Fassade** von 1268.
Die untere Zone ist sehr linear ausgeführt, mit einem großen Mittelportal, das nur durch ein traubenförmig angeordnetes Band geschmückt wird, und zwei kleine Seitenportale ohne Rahmen. An den Seiten des Haupteingangs befinden sich zwei Löwen aus Stein.
Die obere Zone ist reich geschmückt durch drei Rosetten.
Ein Fries aus kleinen Bögen teilt die untere von der oberen Zone.

Oben die Abtei von San Pietro, von der auf der Nebenseite das schöne razemische Portal mit den beiden Löwen abgebildet ist.

Zwischen Burgen, Basiliken, Kirchen und steilen Gässchen hat man den Eindruck, dass in Assisi die Zeit stehengeblieben ist. Und am Fuß der Basilika San Francesco breitet sich die weite Ebene aus.

DIE EINZIGARTIGE ATMOSPHÄRE ASSISIS

Durchquert man die Stadt, so wird man oft durch plötzlich auftretende herrliche Ausblicke überrascht, zum Teil von antiken Monumenten, kleinen mittelalterlichen Kirchen, oder Kunsthandwerkstätten für schmiedeeiserne Arbeiten, Spitze und Keramik. Das ist ein Assisi, das sowohl die Pilger als auch Besucher, die das ganze Jahr über aus der ganzen Welt kommen, begeistert.
Papst Johannes XXIII., der als Pilger in Assisi am 4. Oktober 1962 weilte, fragte sich: «Warum hat Gott Assisi diese Verzauberung der Natur, diese alles überstrahlende Kunst, diese faszi-

Eine Luftaufnahme der Stadt, die vom Dom San Rufino und der Basilika Santa Chiara überragt wird. Links, die Kirche Santo Stefano.

Seite gegenüber: die mächtige Rocca Maggiore mit Befestigungsanlagen.

nierende Heiligkeit, die in der Luft liegt und jeden sensiblen Pilger erreicht, gegeben? Die Antwort ist einfach. Damit die Menschen durch eine gemeinsame und universale Sprache lernen sich als Brüder, einer des anderen, zu fühlen».
Und der jetztige Papst Johannes Paul II. fügte während seines zweiten Besuchs in der Stadt am 12. März 1982 hinzu: «Dieses Mal komme ich zum zweitenmal nach Assisi, und, glaubt mir, die Erregung ist jedes Mal dieselbe, da man hier eine einzigartige Atmosphäre reinsten christlichen Glaubens und höchste Werte menschlicher Zivilisation einatmet. Die beiden Komponenten finden hier ihre perfekte Verschmelzung im Namen des Franziskus, und wenn sie auch eine der größten Ruhmestaten in der Geschichte Italiens und seines edlen Volkes darstellen, so haben sie jedoch auch eine universale Rückwirkung gehabt, sodaß die religiöse und zivile Entwicklung nicht weniger Länder davon profitiert hat».

DIE ROCCA MAGGIORE

Die Rocca Maggiore erhebt sich auf der Höhe des Hügels, der Assisi beherrscht. Es handelt sich hierbei um eine antike Zitadelle, die wahrscheinlich bis auf langobardische Zeit zurückgeht. Sie wurde 1198 fast völlig von den Einwohnern der Stadt zerstört (auch Franziskus, damals achtzehnjährig befand sich dort), als Aufständische die imperiale Machtherrschaft der Deutschen, die 1173 mit der Besetzung der Stadt durch den Erzbischof von Mainz begonnen hatte, beendeten und in Assisi ein komunales Parlament einrichteten. Einige Jahre lang wurde dort Friedrich II. von Schwaben als Gast beherbergt. Er war schon als kleiner Junge Waise geworden und unter die Vormundschaft Innozenz III. gestellt, der ihn Corrado von Lutzen, Herzog von Spoleto und kaiserlicher Vikar, hier ansässig, anvertraute.
Die Burg, so wie sie heute erscheint, wurde 1367 auf Veranlassung des Kardinals Egidio Albronoz gebaut und zwischen dem 15. und 16. Jahrhundert mit der Errichtung des polygonalen Turms und dem kleinen zylindrischen Turm in der Nähe des Eingangs erweitert.
Ende des 13. Jahrhunderts wurde die Burg noch weiter verstärkt durch Ser Biordo Michelotti, Gonfaloniere von Assisi, dort wo noch heute sein Wappen in der Höhe des dritten Geschosses zu sehen ist. Mitte des 15. Jahrhunderts ließ der Piccinino die Comancini Meister am zwölfeckigen Turm arbeiten, die dort an der Basis ihr Zeichen hinterließen. Auch Pius II. ließ an demselben Turm Arbeiten ausführen: man findet dort sein Wappen mit dem Datum 1460. Urbano Vergerio, unter dem Pontifikat Sixtus' IV., ließ die Gewölbe erneuern. Die letzten Arbeiten wurden 1535 von Paul III. veranlaßt, der den Eingangsturm auf der Bastion verstärken ließ, wo sich noch heute sein Wappen befindet.
In den folgenden Jahrhunderten wurde die Burg als Gefängnis benutzt und wurde schließlich ganz aufgegeben. Die Gemeinde von Assisi erwarb sie 1888.
Die umgebende trapezförmige Mauer, die an jeder Ecke einen Turm auf quadratischem Grundriss zeigt, ist an die Stadtmauern durch einen Weg, der in einem zwölfeckigen Turm endet, angeschlossen. In der Mitte liegt die Burg, auch auf quadratischem Grundriss und in der Südostecke durch den hohen Turm verstärkt.
Der gesamte Komplex, so kompakt und mächtig, zeigt noch heute einen Aspekt kriegerischer Macht, und trotz verschiedener Veränderungen bleibt es immer noch ein bedeutendes Beispiel militärischer Architektur des 13. Jahrhunderts.
Das gesamte Gebäude zeigt die Rivalität zwischen Papst und Kaiser, zwischen Assisi und Perugia, zwischen «*majores*» und «*minores*».
Ereignisse, die die Stadt Jahrhunderte lang in Atem gehalten haben. Aber abgesehen von den historischen Erinnerungen ist die Höhe der Burg ein einzigartiger Ausblickspunkt, von dem aus man das gesamte umbrische Tal überblicken kann: von Osten nach Westen sieht man den Subasio Berg; in der Ebene sieht man alle Städte von Spoleto bis Perugia. Auf dem hinteren Teil liegt ein abschüssiger Felsen über dem Tal des Tescio Flusses. In der Höhe rechts neben der «Rocca Maggiore» erhebt sich die «Rocca Minore»: jüngeren Datums und als militärischer Verteidigunsposten ausgebildet.
Der Heilige Franziskus ist auf der ganzen Welt bekannt und beliebt als Mann des Friedens und der Gewaltlosigkeit, Bruder aller Menschen und Dichter der Welt der Natur. Die Anwesen-

heit der Burg und der Stadtmauern in Assisi könnten dem Besucher jedoch ein anderes Bild vermitteln: das einer kriegerischen Stadt.
Als Franziskus 1182 geboren wurde, war Italien durch Bruderkriege zerrissen: die «*minores*» stellten sich den «*majores*» entgegen; die Gemeinden kämpften untereinander; Zivile und kirchliche Autoritäten streiten sich um die Macht... und ausgerechnet auf diesem unruhigen Gebiet beginnt die «Berufung zum Frieden» des Franziskus zu reifen. Da er aus persönlicher Erfahrung Kriegsleiden und die negativen Auswirkungen des Hasses und der Trennung kennt, reift in ihm die Überzeugung, Allen die Verkündigung des Evangeliums mit der Botschaft des «Friedens und des Guten» zu bringen.
Zwar in anderer Form, doch auch die Burg bringt eine Friedensbotschaft: die Suche nach einer Lebensform, einer Art zu denken und brüderlich zu leben; die Verpflichtung zum Dialog und zu einer neuen Art Beziehung zwischen Einzelnen, Völkern und Nationen.

Auf diesen Seiten einige Ansichten von Assisi und der Rocca Maggiore in beherrschender Position auf dem Gipfel der Anhöhe.

DIE UMGEBUNG

S. MARIA DEGLI ANGELI

In der Ebene von Assisi, circa 4km vom historischen Zentrum entfernt, befindet sich die Basilika Santa Maria degli Angeli, deren Name auch für das umgebende Gebiet steht. Im Innern befindet sich die Kapelle der Porziuncola: ein Ort der vom Heiligen Franziskus so sehr geliebt wurde und in dem ihm von Gott besondere Gnade zuteil wurde...
Um die Kapelle herum sind verschiedene Geschichten aus dem Leben des Heiligen Franziskus aufgeschrieben: 1208 als er dem Evangelium lauschte, begriff er plötzlich ganz klar seine Berufung; 1211 erhielt Klara das religiöse Büßergewand; 1216 erhielt Franziskus in einer Vision durch Jesus selbst den Sündenerlaß der «Verzeihung von Assisi» und der von Papst Honorius III. dann anerkannt wurde; 1221 fand das berühmte «Kapitel der Strohmatten» in Anwesenheit von circa 5000 Mönchen statt; 1226 starb Franziskus und sang eine Hymne auf den Bruder Tod.
Aus diesem Grund mahnte der Heilige Franziskus seine Brüder. Niemals diesen gesegneten Ort zu verlassen: «Meine Söhne, verlaßt niemels diesen Ort! Wenn sie Euch an der einen Seite herauswerfen, kehrt auf der anderen zurück, denn dieser Ort ist heilig und ist die Wohnung von Jesus Christus und der Heiligen Jungfrau, seiner Mutter, Es geschah hier, als wir Wenige waren und der Höchste Gott hat uns vermehrt; hier hat er die Seele seiner Armen mit dem Licht der Weisheit erfüllt; hier hat er unseren Willen mit dem Feuer seiner Liebe angezündet. Hier wird der, der demütigen Herzens bittet, das erhalten, worum er bittet; aber die Beleidigungen werden strengstens bestraft werden. Aus diesem Grund, Söhne, betrachtet mit Ehrfurcht und Respekt diesen so würdigen Ort, der Gott als Wohnung gewidmet und von Ihm und seiner Mutter auserwählt wurde». (FF Nr. 1780).
Anfangs war die **Porziuncola** eine antike Kapelle, die von einer kleinen «Portion» Wald umgeben war (daher vielleicht der Name), der den Benediktinern des Klosters des Heiligen Benediktus auf dem Subasio Berg gehörte. Lange Zeit lag sie verlassen da, und wurde dann von Franziskus restauriert und vom Abt Teobaldo gemietet. Nach dem Tod des Heiligen entstanden einige Gebäude um das Kirchlein herum: der Chor der Mönche, verschiedene kleine Oratorien und ein kleiner Konvent.

Die Basilika Santa Maria degli Angeli mit großartiger klassizistischer Fassade. Unten die Porziuncola.

In der zweiten Hälfte des 16. Jahrhunderts veranlasste Pius V. den Bau einer großen Basilika, die die Porziuncola einschloss und schützte und so den großen Strom der Pilger, der ständig dort ankam, aufnehmen konnte. Der Bau wurde 1568 nach einem Entwurf des Peruginers Galeazzo Alessi begonnen und 1684 beendet.
Es ist ein großartiges Gebäude in klassischem Stil, das von einer eleganten Kuppel beherrscht wird und es so auch von weitem sichtbar macht und die gesamte umgebende Ebene beherrscht. Als Basilika ist es eine der größten der Welt,: sie zeigt eine Länge von 116 m und eine Maximalbreite von 65 m.
Das **Innere** ist dreischiffig mit 12 Seitenkapellen, die Fresken und Altarbilder verschiedener Künstler vom 16. bis 20. Jahrhundert zeigen.
Rechts am Eingang beginnend sieht man: die **Kapelle des Heiligen Antonius des Abtes**, mit Werken des Giorgetti und anderen umbrischen Malern; die **Kapelle des Heiligen Johannes des Täufers**, mit Gemälden des Giorgetti und des Sermei; di **Kapelle der Heiligen Anna** mit Werken des Pomarancio und anderen Künstlern; die **Kapelle des Heiligen Pius V.** mit Gemälden des Martelli; die **Kapelle der Geburt Jesu**, mit Werken verschiedener Künstler; der *Altar des Heiligen Petrus*, mit Werken des Mattei und anderen.
Links am Eingang beginnend sieht man: die **Kapelle von San Diego d'Alcala**, mit Werken verschiedener Künstler aus dem 17. und 18. Jahrhundert; die **Kapelle der Wundmale** mit Werken des Giorgetti und des Sermei; die **Kapelle des Heiligen Massimino**, mit Werken verschiedener Künstler; die **Kapelle der Gekrönten**, mit Gemälden von Simone Ciburri aus dem 17. Jahrhundert; die **Kapelle der Madonna des Rosenkranzes** mit Werken aus der Schule des Conca, 18. Jahrhundert; der *Altar von Santa Croce* in polychromem Marmor aus dem 18. Jahrhundert.
Abgesehen von vielen neueren Werken, bereichern die Basilika: der *Chor* und die *Holzkanzel*, von einer Gruppe Mönchen unter der Leitung des Fra Luigi Selci von 1698 bis 1701 ausgeführt; die *Sakristei*, ein Werk in Nussbaum von Fra Giacomo di Borgo San Sepolcro.
Das **Äussere** der Basilika ist mehrmals verändert worden: nach einem Erdbeben von 1832, das große Schäden an der ganzen Kirche verursachte und nach einer letzten Restaurierung von 1926-27 von dem Architekten Cesare Bizzarri. Oben ist die Bronzestatue der *Madonna* (7,15 m hoch) von dem Bildhauer G. Colasanti von 1930 zu erkennen. Die Kuppel, die nach einem Entwurf Galeazzo Alessis, genau über der kleinen Kirche der Porziuncola errichtet wurde, stützt sich auf eine polygonale Konstruktion und schließt oben mit einer Laterne und einem Kreuz ab. Neben der Kuppel (75 m hoch) erhebt sich ein Campanile im Renaissancestil.
Auf der linken Seite des Heiligtums sieht man den **Brunnen der 26 Wasserhähne**, der von den Medici errichtet wurde, um den Durst der Pilger zu löschen, die kamen, um den Südenerlaß zu erbitten.

DAS INNERE DER PORZIUNCOLA

Die «Porziuncola» war die dritte Kirche, die vom Heiligen Franziskus restauriert wurde, nach San Damiano und San Pietro della Spina, als Folge der Stimme, die er vom Kruzifix in San Damiano gehört hatte.
Das Innere der Porziuncola bewahrt eine primitive Frische. Auch wenn man nicht genau weiß was Franziskus dort gemacht hat, so ist es nicht schwierig, die kleinen Restaurierungs- und Stützarbeiten zu erkennen.
Die Wände sind niemals bemalt gewesen. Die Steine sind immer noch jene ursprünglichen. In der Mitte befindet sich ein Altar für die eucharistische Feier. Auf dem Altar das Gemälde von Ilario da Viterbo: unten rechts das *Wunder der Rosen* und Franziskus, der von zwei Engeln begleitet wird, geht auf die Porziuncola zu; oben die *Erscheinung Jesu mit der Madonna*, umgeben von einer Schar Engel, mit Franziskus, der vor dem Altar kniet; unten links Franziskus, umgeben von Bischöfen, verkündet von einer Kanzel das Privileg der Verzeihung und oben der Heilige vor Papst Honorius III., der die Bestätigung des Sündenerlasses erfleht. Das Gemälde ist von 1393.
Auf der Fassade der Kapelle befindet sich das Fresko von G. Friedrich Overbeck (1829), das Franziskus zeigt, wie er Jesus und die Madonna anruft um die Gabe des Sündenerlasses zu erlangen.

Die Porziuncola und ihr Inneres.

DIE CAPPELLA DEL TRANSITO

Einige Meter von der Porziuncola entfernt, auf der rechten Seite, in der Apsis der Basilika befindet sich die Cappella del Transito. Es war die Krankenstube des primitiven Konvents, eine der im Wald verstreuten Hütten, die von den Mönchen gebaut worden waren um dort zu wohnen. Der Heilige Franziskus verbrachte hier die letzten Stunden seines irdischen Lebens und starb dort, nachdem er sich auf den Boden hatte legen lassen am Abend des 3. Oktober 1226.

Auf der äußeren Wand befindet sich ein Fresko von Domenico Bruschi (1886), das den *Tod des Heiligen Franziskus*, der umgeben von den Mönchen und von Jacopo dei Settesoli ist, zeigt.

Im Innern auf den mit Fresken versehenen Wänden von Giovanni Spagna (1520) sind einige Figuren der ersten Gefährten des Franziskus: Bernardo, Ginepro, Silvestro, Masseo, Leone, Egidio.

Über dem Flügelaltar, in einem Reliquar, der Gürtel des Heiligen. Hinter dem Flügelaltar die sanfte und melancholische Statue des *Heiligen Franziskus* in Terrakotta von Andrea della Robbia (1490). In seinen Händen hält er das Evangelium und das Kreuz.

Ein weiters wertvolles Werk des della Robbia ist ein Polyptichon mit sechs Flügeln, das den *Heiligen Franziskus zeigt, wie der die Wundmale erhält* und verschiedene Szenen um die Geburt Jesu herum darstellt. Es ist in der Krypta aufgestellt (erreichbar durch den rechten Querschiffsarm), die jüngeren Datums ist, in der Nähe der antiken Fundamente des primitiven Konvents.

Oben, ein Blick auf das alte Kloster; daneben, la Cappella del Transito.

DAS KONVENTMUSEUM

Einige Räume des Erdgeschosses des Konvents sind als «museo di Porziuncola» eingerichtet. Sie zeigen eine wertvolle Sammlung Wandbekleidungen und Gemälde, unter ihnen ein *Kruzifix* des Giunta Pisano (wahrscheinlich von 1236) und ein Porträt des *Heiligen Franziskus* aus dem 13. Jahrhundert (von dem sogenannten «Meister des Heiligen Franziskus». Der Heilige wird in majestätischer Haltung gezeigt, und hält in der Hand ein Kreuz und in der anderen ein geöffnetes Buch, in dem man lesen kann: «*Hic mihi viventi lectus fuit et morienti*»: «hier war meine Ruhestätte im Leben und im Tod».
Weitere interessante Gemälde sind eine *Madonna* di Sano di Pietro, die *Madonna mit Kind* von Mezzastris, und verschiedene Gemälde des 16. Jahrhunderts.
In anderen Räumen jüngeren Datums befindet sich ein «museo missionario etnografico».
Vom Museum aus kann man in das «Schlafgemach des Heiligen Bernhard» gelangen, das so genannt wird, weil es nur auf Veranlassung des Heiligen fertiggestellt wurde. Es sind 17 Zellen, die mit Möbeln der damaligen Zeit und anderen wertvollen Gegenständen eingerichtet worden sind (Handschriften, Gemälde, Drucke, verschiedene Geräte.) Das sind die Reste des antiken Konvents.

Links San Bonaventura di Tiberio d'Assisi; auf der Nebenseite oben das Tabernakel mit der Krönung der Jungfrau; unten links der Heilige Franziskus des «Meisters des Heiligen Franziskus» (13. Jh.); rechts das Kruzifix von Giunta Pisano (1. Hälfte des 13. Jh.).

HIC LECTUS
MICHI UI FUIT ET
UENTI MORIENTI

IHS NASARENUS
REX IUDEORUM

DER ROSENGARTEN

Unter dem Namen des «Rosengartens» werden einige Stellen aufgeführt, die den primitiven «Wald» ausmachen und die mit dem täglichen Leben sowohl des Heiligen Franziskus als auch der Mönche verbunden sind: Gebet, Dialog, Liebe zu den Tieren, Reue.

Man erreicht die Basilika durch einen Hof, der 1882 errichtet wurde. Am Anfang steht eine Statue des *Heiligen Franziskus mit den Turteltauben*. In der Mitte des Rosengartens ein Bronzemonument von Vincenzo Rosignoli (1916), das den *Heiligen Franziskus mit einem Schäflein* zeigt. An der Basis der Statue einige Szenen des laudes creaturarum.

Alles um die «Rosen ohne Dornen».

In einer Winternacht, als sich der Heilige Franziskus betend in seiner Zelle befand, wurde er versucht, seinen jetzt eingeschlagenen Weg aufzugeben. Um dieser Versuchung Herr zu werden, entkleidete er sich und warf sich in einen Dornenbusch in der Nähe der Zelle. Kaum hatte er sie berührt, verschwanden die Dornen und statt dessen erblühte ein Rosengarten ohne Dornen.

Neben dem Garten befindet sich die «Kapelle der Rosen»: ein Oratorium, in dem sich der Heilige zum Gebet aufhielt oder zum Ausruhen. Die Kappelle und die Grotte wurden von San Bonaventura im 13. Jahrhundert errichtet und später im 15. Jahrhundert von San Bernardino da Siena erweitert.

Auf den Wänden der Kapelle befinden sich Fresken von Tiberio di Assisi (1506-1516): der *Heilige Franziskus und seine ersten Gefährten; Heilige und franziskanische Heilige*; das *Wunder der Rosen*; die *Geschichte der Gewährung des Sündenerlasses von Assisi*.

Oben links die Statue des Heiligen Franziskus und die Turteltauben; rechts die Rosen ohne Dornen des Heiligen Franziskus; daneben der Heilige mit dem Schäfchen als Bronzestatue von Vincenzo Rosignoli.

SAN DAMIANO

In der Umgebung von Assisi, zwischen dem Grün der Olivenbäume, befindet sich die Wallfahrtskirche von San Damiano, die die Erinnerung an den Heiligen Franziskus und an die Heilige Klara vereint zeigt.
Außerhalb der Stadtmauern, auf dem Hügel auf dem sich Assisi erhebt, wurde die kleine Kirche als Kapelle zwischen dem 7. und 8. Jahrhundert in rustikalem Stil erbaut, und hatte nur die Aufgabe für diejenigen, die sich in der Umgebung befanden als Gebetstätte zu dienen. Zu Beginn des 13. Jahrhunderts war sie fast völlig verlassen. Es existierte zwar ein Priester, aber da sie nicht für den Gottesdienst benutzt wurde, fühlte sich niemand veranlasst sie zu restaurieren. Von diesem Zeitpunkt an wurde die Kapelle ein zentraler Bezugspunkt für den Heiligen auf seinem neuen Lebensweg. Und nachdem er die Stimme vom Kruzifix herab gehört hatte, die ihn zur Restaurierung veranlasst hatte, wurde er ihr Restaurator. Und als Klara dem Beispiel des Heiligen Franziskus folgen wollte, schenkte er ihr diesen Ort. Klara lebte dort 42 Jahre lang und am 11. August 1253 verschied sie aus diesem Leben in den Himmel. Franziskus kehrte mehrere Male hierhin zurück. Hier in der Nähe, 1225 von den Wundmalen gezeichnet und fast blind, komponierte er die «*laudes creaturarum*»: wunderbarer Ausdruck der Liebe zu Gott, zu den Menschen und zu den Tieren.
Als die Klarissen diesen Ort verließen, blieb er intakt bis die Minoriten dort im 16. Jahrhundert den Kreuzgang bauten und den Konvent erweiterten. Als Folge der religiösen Unterdrükkung wurde San Damiano 1860 von dem englischen Lord Ripon gekauft. Nach mehr als einem Jahrhundert, 1983, haben die Erben das Eigentum der Kirche und der Generalkurie der Minoriten gegeben.
Heute lebt dort eine kleine Gemeinde der Minoriten und es ist auch der Sitz des Noviziats: die Jugendlichen, die das franziskanische Leben aufnehmen möchten, verbringen ein Jahr hier um die franziskanische Lehre zu studieren und um die eigene Berufung zu überdenken.
In San Damiano ist die Kunst «stumm». Es ist die Religion, die den ersten Platz einnimmt. Die Armut, die Kargheit und der Frieden regieren souverän. Liest man mehrere Seiten franziskanischen Lebens, so wie es von den ersten Biografen des Heiligen beschrieben wurde, hier würde es noch aktuell erscheinen. Der Geist des Heiligen Franziskus und der Heiligen Klara sind noch lebendig.
Ein einfacher Portikus dient als Eingang zu San Damiano. Auf dem Platz befindet sich eine kleine Ädikula mit Fresken des 15. Jahrhunderts der senesischen Schule (die *Madonna mit dem Kind*, zwischen dem *Heiligen Franziskus*, dem *Heiligen Rufinus*, der *Heiligen Klara*, dem *Heiligen Damian*). Rechts neben der Kirche befindet sich die **Cappella di San Girolamo** mit Fresken von Tiberio di Assisi von 1517: die *Jungfrau Maria auf dem Thron*, der *Heilige Franziskus und die Heilige Klara*, der *Heilige Girolamo und der Heilige Bernardino*. Noch seitlicher der *Heilige Sebastian und der Heilige Rochus*.
Das **Innere** der Kirche ist einfach, liegt im Halbdunkel und lädt zum Gebet ein. Auf dem Altar befindet sich eine Kopie des *Kruzifix'*, das Franziskus befahl sein Haus zu reparieren (das Origi-

Das Heiligtum von San Damiano, ein antiker Gebäudekomplex, der sich in der Umgebung Assisis befindet.

nal des 13. Jahrhunderts befindet sich in der Basilika der Santa Chiara). In der Apsis ein Fresko byzantinischen Stils die *Madonna mit dem Kind zwischen dem Heiligen Rufinus und dem Heiligen Damian*. Dahinter ein kleiner Chor vom Beginn des 16. Jahrhunderts.
Rechts neben der Kirche in einer Kapelle befindet sich das hölzerne *Kruzifix* des Fra Innocenzo da Palermo von 1637: das Gesicht des Christus verändert seinen Ausdruck je nach dem Standpunkt des Betrachters. Es ist lächelnd, schmerzvoll oder sterbend.
Rechts vom hölzernen Chor befindet sich der Eingang zum **coretto di Santa Chiara**. Die Stalle, Dorsale und Pulte sind noch jene aus der Zeit der Santa Chiara. Auf einem Pergament sind die Namen der ersten Klarissen niedergeschrieben. Gabriele D'Annunzio schrieb dazu, als er diesen Ort besuchte: «Fünf Stufen gehe ich hinunter in den Chor der Santa Chiara, in den Chor unserer Dame der Armut. Das Dorsale besteht aus Holztafeln, die einfach so zusammengefügt sind wie die Rettungsboote, die im Tumult des Schiffsbruchs aus Tannenholz von der Mannschaft gebaut werden. Aus kaum geschältem Holz bestehen die Tafeln der Sitze und einer Brüstung, die davor liegt. Das Pult steht auf einem ungeraden Klotz und wird durch einen Stab in Form eines Pinienkerns gehalten».
Es ist Ausdruck der Wahl der extremsten Armut. Geht man eine schmale Treppe hinunter. So erreicht man den **Garten der Santa Chiara**: eine suggestive Ecke, von wo aus man das darunterliegende Tal bewundern kann. Hier komponierte der Heilige Franziskus seine *Laudes creaturarum*.
Steigt man noch höher, so trifft man auf eine kleine Kapelle, die mit Fresken ausgeschmückt ist und als das **Oratorium der Santa Chiara** bezeichnet wird, die ihrerseits in das **Dormitorium** führt. Hier schliefen die Klarissen. Hier verlebte die Heilige Klara Momente größten Leidens und größten Schmerzes. Hier erhielt sie den Besuch Papst Innozenz IV. Hier starb sie.
Auf dem Altar befindet sich ein hölzernes *Kruzifix* aus dem 15. Jahrhundert von einem unbekannten Künstler.
Geht man eine innere Treppe herunter, so erreicht man den **Kreuzgang**.
Der Kreuzgang von San Damiano hat bis heute seine ganze Schlichtheit bewahrt. Es ist noch heute ein Ort des Friedens und der Stille.
Auf der der Kirche zugewandten Seite befinden sich zwei Fresken von Eusebio Perugino (1507): die *Verkündigung* und der *Heilige Franziskus, wie er die Wundmale erhält.*
Am Ende des Kreuzgangs sieht man das **Refektorium der Klarissen** mit den antiken Tischen aus der ersten Zeit. Die Schwestern nahmen hier ihr genügsames Mahl ein. Auf dem letzten Tisch rechts erinnert eine Blumenvase an den Platz, den normalerweise die heilige Klara einnahm.
1228 war hier als Tischgast der Schwestern Papst Gregor IX. der die Heilige Klara veranlasste die Mensa zu segnen: auf jedes Brot wurde das Zeichen des Kreuzes eingedrückt.
An den Wänden befinden sich einige Fresken von Dono Doni. Über dem Refektorium befindet sich ein anderer Flügel des antiken Klosters mit der Zelle der Heiligen Agnes, der Schwester der Heiligen Klara.

Auf der Nebenseite zwei Ansichten des Kreuzgangs von San Damiano; oben der Rustikale Chor von Santa Chiara.

SILENTIVM

DIE ABTEI VON SAN BENEDETTO

Seitlich des Subasio Berges in herrlicher Position liegt die Abtei von San Benedetto. Man erreicht sie von Assisi aus durch die Straße, die von der via Madonna dell'Ulivo ausgeht, circa 500 m von der Porta Nuova entfernt, oder über die Straße, die etwas über dem Gefängnis beginnt.
Es gibt nur wenige Dokumente, die helfen, die historischen Etappen dieser Abtei nachzuvollziehen. Vielleicht wurde sie schon im 9. Jahrhundert von den märkischen Mönchen aus Farfa gegründet. Es war der Hauptsitz der Mönche von Assisi, der maximalen Aufnahmekapazität von 40 Mönchen. Nach einer Periode blühenden Lebens begann das Mönchtum gegen Ende des 14. Jahrhunderts abzuflauen. Der Heilige Franziskus begab sich oft hierher und es war der Abt von San Benedetto, der ihm den Gebrauch der Porziuncola gegen einen jährlichen Korb voller Fische gestattete.
Die Abtei war aufgrund ihrer strategischen Position zur Zeit der Assisischen Bruderschaftskriege ein leichtes Versteck für alle Entflohenen. Und im April 1399 entschlossen sich die Kaufleute von Broglia sie aufgrund ihrer gefährlichen Position niederzureißen. Das Kloster wurde langsam verlassen und sich selbst überlassen und die Reste der Abtei gingen in private Hände über.
Dank des Unternehmungsgeistes der Mönche der anderen Abtei von Assisi, San Pietro, wurden die letzten Überreste von ihnen 1945 aufgekauft. Und in den darauffolgenden Jahren, auch dank staatlicher Unterstützung, wurde ein großer Teil der antiken Abtei der Öffentlichkeit wieder zugänglich gemacht.
Von dem antiken Glanz sind heute die umgebenden Mauern, die **Fassade** der Kirche in romanischem Stil, die halbrunde Apsis, einige Räume des Klosters und zwei sehr schöne **Krypten** übriggeblieben. Eine, aus dem 11. Jahrhundert, in romanischem Stil auf kreuzförmigem Grundriss, mit acht monolytischen Säulen, die die Bögen und romanischen Kapitelle tragen. Die andere, die nach den letzten archäologischen Ausgrabungen ans Licht kam, ist wahrscheinlich aus dem 9. Jahrhundert, wird «cripta tristila» gennant und zeigt drei monolytische Säulen.

Auf der Nebenseite oben ein kleiner Pfad in der Nähe von San Damiano und unten das Refektorium der Klarissen, mit dem Platz der Santa Chiara, der durch Blumen gekennzeichnet ist. Darüber das Fresko aus dem 16. Jahrhundert mit der Madonna, dem Kind und Heiligen in der linken Kapelle von San Damiano und das Kreuz des San Bonaventura.

DIE EINSIEDELEI

In einem dichten Eichenwald auf dem Subasio Berg versteckt, circa 800 m über dem Meer, befindet sich die Einsiedelei, ein Ort des Friedens und der Stille, in dem der franziskanische Geist mit unverminderter Frische spricht. Hierhin zogen sich ab und zu Franziskus und auch seine ersten Gefährten zum Gebet zurück. Um den primitiven Kern herum hat sich schleßlich die Struktur des heutigen Konvents entwickelt. Die ersten Restaurierungen des Konvents wurden im 15. Jahrhundert durch den Heiligen Bernardino von Siena durchgeführt, und zur heutigen Form im 16. und 17. Jahrhundert erweitert. Es ist alles auf dem Fels selbst errichtet und manche Teile sind in den Fels eingeschnitten.
Zu Beginn war es ein kleines Oratorium, das der Madonna gewidmet war: «Santa Maria delle Carceri» (carcere bedeutet Zurückgezogenheit). Es gehörte der Gemeinde von Assisi, die es zunächst den Benediktinern und schließlich den Franziskanern übergab.

Auf der Nebenseite oben der Gebäudekomplex der Abtei von San Benedetto; unten das Innere der Krypta der Abtei. Darüber die Einsiedelei.

Ein Besuch in Sammlung führt dazu, den Sinn der Meditation und Betrachtung zu begreifen.
Durchschreitet man die Eingangspforte, so befindet man sich in einem kleinen **Kreuzgang** mit einem Brunnen in der Mitte. Links unten ist das **Refektorium** und oben das **Dormitorium** mit kleinen Zellen.
Tritt man ein, so bemerkt man den *Altar* und einen kleinen *Chor* für das Gebet. Von hieraus gelangt man in die **Kapelle der «Santa Maria delle carceri»**. Unter der Kirche befindet sich die **Grotte des Heiligen Franziskus**, mit dem Stein, der ihm als Bett dient: das ist der Ort des Gebets, des Fastens, des Weinens und der Dialoge zwischen dem Heiligen Franziskus und Gott. Bevor man ins Freie gelangt, bemerkt man «das Loch des Teufels», in das der Teufel verschwand nachdem er von dem Heiligen verjagt worden war.
Draussen, neben Jahrhundertbäumen, ein Monument von Vincenzo Rosignoli (1926): eine Bronzeskulptur, die den *Heiligen Franziskus zeigt wie er von einem Jugendlichen zwei Turteltauben* erhält.
Bevor man sich in den dichten Wald begibt und verschiedene Grotten, die zum Gebet geeignet sind, besucht, bemerkt man das Flußbett eines Stromes, der auf Befehl des Franziskus austrocknete, da er nicht wollte, daß die Mönche beim Gebet gestört wurden.
In der Nähe der Brücke befindet sich die **Kapelle der Santa Maria Maddalena**, aus dem 15. Jahrhundert, die die sterblichen Reste des Fra Barnaba Manassei di Terni bewacht. Er war 1562 der erste Gründer der Monte di Pietà als Verteidiger der Armen in der Stadt Perugia.
Zahlreiche Wege führen auf die Höhe des Subasio Berges (Höhe 1290 m), der von einigen für einen erloschenen Vulkan gehalten wird.
Die Vegetation des Berges besteht aus Olivenbäumen (unten), Wald (in der Mitte) und Wiesen (Oben).

Links die Grotte des Heiligen Franziskus, in die der Heilige sich zum Gebet zurückzog, darunter die Einsiedelei eingetaucht in das Grün des Subasio Berges. Auf der Nebenseite der schöne Kreuzgang.

RIVOTORTO

Rivotorto erhielt seinen Namen von einem reißenden Bach, der von den Hängen des Subasio Berges kommend durch diesen Teil der Ebene von Assisi und schließlich in den Ose und den Tiber floß.
Als der Heilige Franziskus nach der mündlichen Genehmigung seiner Ordensregel durch Innozenz III. aus Rom zurückkehrte, begab er sich mit seinen ersten Gefährten hierhin und blieb hier von 1209 bis 1210.
Diese «elende Hütte», die im Innern der heutigen **Kirche** liegt, erinnert an der Ort und den Stil des einfachen und armen Lebens, das von der kleinen Gruppe Mönche geführt wurde. Der Aufenthalt bestand aus zwei Räumen, einen zum Schlafen und einen zum Essen, die durch eine kleine Kapelle getrennt waren. Die Mönche verließen sie jedoch, da die Räume einem Bauern dienten. Und von hieraus begaben sie sich zur Porziuncola. Mit der Abreise der Mönche war die Geschichte von Rivotorto jedoch noch nicht zu Ende: einige blieben dort und die demütige Haltung diesem frommen Ort gegenüber blieb immer lebendig.
1586 wurde die Hütte mit einer großen Kirche überdeckt, die durch ein Erdbeben zerstört, 1854 in neugotischem Stil in der heute noch bestehenden Form wiederaufgebaut wurde. 1926 wurde die Hütte zum Nationalmonument erklärt.
Im Innern der Kirche befinden sich 12 Gemälde von Cesare Sermei (1600), die *Szenen aus dem Leben des Heiligen Franziskus* zeigen. Auf der Fassade der Kirche glänzt ein Mosaik von G. Conti (1955), das zwei in Rivotorto geschehene Episoden zeigt: der Heilige Franziskus erscheint seinen Mönchen auf einem Ruhmeswagen; ein Mönch warnt Kaiser Otto IV., der in der Umgebung vorbeifährt, vor der Fragilität der irdischen Größe.

Unten das Heiligtum von Rivotorto; auf der Nebenseite zwei Ansichten der armseligen Kammer des Heiligen Franziskus im Innern des Heiligtums.

CHRONIK EINER KATASTROPHE

Der 26. September 1997 wird in der jahrhundertealten Geschichte von Assisi für immer in schmerzlicher Erinnerung bleiben. Nachdem schon in der Nacht ein starkes Erdbeben viele Gebäude in große Gefahr gebracht hatte, erschütterte am Morgen jenes Tages, um 11.42 Uhr, ein neuerlicher heftiger Erdstoß das historische Zentrum der Stadt des heiligen Franziskus. Alle bedeutenden Monumente, vom Dom San Rufino bis zur Basilika Santa Chiara, von Santa Maria degli Angeli bis zur Klosterkirche San Damiano, wurden so stark beschädigt, dass sie einsturzgefährdet und nicht mehr begehbar waren. Die eigentliche Tragödie ereignete sich jedoch in der Oberkirche von San Francesco, wo am späten Vormittag die Experten vom Denkmalschutzamt, in Begleitung einiger Mönche und wichtiger Vertreter der Stadt, eine Besichtigung an Ort und Stelle vornahmen, um die durch das nächtliche Beben verursachten Schäden festzustellen. Da traf ein neuer verheerender Erdstoß die Oberkirche, bei dem ein Teil des Gewölbes einstürzte. Das herabfallende Gestein zerstob zu einer riesigen Staubwolke und begrub die Anwesenden unter sich, wobei zwei Ingenieure und zwei Mönche ums Leben kamen.

DIE ZERSTÖRTEN MEISTERWERKE

In diesen schrecklichen Augenblicken gingen unschätzbare Kunstwerke verloren: außer einem Teil des eleganten gemalten Sternenhimmels auf tiefblauem Grund, eine der Stichkappen des berühmten Doktorengewölbes mit der Darstellung des hl. Hieronymus; ein Teil des Pfeilerbogens neben der Innenfassade, unter anderem mit den Figuren des hl. Rufino, des hl. Antonius, des hl. Franziskus und der hl. Klara; der hl. Matthäus am Evangelistengewölbe über dem Kreuzgewölbe, das beim Absturz den herrlichen Hochalter unwiederbringlich zerschmetterte. Was am Boden lag, war nichts als ein

Das Bild zeigt die Schäden, die das heftige Erdbeben vom 26. September 1997 verursacht hat, mit den Gerüsten, die für die komplizierte und langwierige Restaurierungsarbeit aufgebaut wurden. Unten das heute teilweise eingestürzte Kreuzgewölbe, bemalt von Cimabue (der verlorene Teil ist eingekreist) vor dem Erdbeben.

Haufen Trümmer, an dem sich Fachleute, Restauratoren und Kunsthistoriker sofort fieberhaft zu schaffen machten, während die ganze Welt von einer Welle des Mitgefühls erfasst wurde. Damit begann eine unendlich mühsame und langwierige Arbeit, um zu retten, was zu retten war. Unermüdlich suchte man nach Fragmenten, in der Hoffnung, mit Hilfe von Abbildungen dieser einst herrlichen Fresken das Kunstwerk wie ein Puzzle wieder zusammenzusetzen.
Es war dies der erste Akt eines mit unerschütterlichem Willen begonnenen Wiederaufbaus, während die Erdstöße noch wochenlang anhielten. Gleichzeitig unternahm man auch in den anderen Kirchen, Basiliken und städtischen Gebäuden die notwendigen Eingiffe, die oft sehr schwierig und radikal durchgeführt werden mussten. Assisi, noch mit blutenden Wunden, kehrte ganz allmählich zu einem normalen Leben zurück, während erfahrene Künstlerhände in mühsamer Kleinarbeit versuchten, die wunderschönen Fresken wieder zusammenzufügen, die seit jeher das Wahrzeichen von Assisi darstellten, und die Stadt sich Mühe gab, nach diesem großen Leid ihr altgewohntes, schmuckes Aussehen wiederzuerlangen.

Die herrlichen Fresken von Giotto, die bei dem verheerenden Erdbeben verloren gingen: der hl. Hieronymus am Doktorengewölbe und der hl. Antonius, der hl. Benedikt, der hl. Petrus Martyr und der hl. Dominikus an den Pfeilerbögen der Innenfassade. Die Aufnahmen unten vermitteln einen Eindruck von der diffizilen Restaurierungsarbeit, die mit äußerster Sorgfalt von Kunstexperten und Restauratoren vorgenommen wird.

GEBETE

Wenn der Besuch in der Stadt Assisi Dich mit Freude angefüllt hat, so kann das Gebet die Bereicherung vervollständigen und Dein Herz mit Gott erfüllen. Franziskus, versicherte Tommaso da Celano, «war nicht so sehr ein Mann der betete, sondern er selbst war zum Gebet geworden». Deshalb war das Gebet Ausdruck seiner beständigen Beziehung zu Gott. Deshalb war des Gebet Erwartung, Wunsch, Begegnung, Zuhören, Besitz, Erholung, Wehmut, Suche, Lob, Freude, Dank, und Dialog. Eine sehr unterschiedliche Realität, die aber im Grunde genommen nur Ausdruck des tiefgründigsten Gesprächs eines Menschen mit seinem Gott darstellte. Dieser Band will mit einigen der schönsten Gebete des Heiligen Franziskus schließen, in der Hoffnung, daß seine Faszination auch Dich ergreift und Dich dieselbe Erfahrung im Gebet machen läßt.

DIE LAUDES CREATURUM

Höchster, allmächtiger, gütiger Herr!
Dir gehören Preis, Ruhm, Ehre und jeglicher Segen.
Dir allein geziemen sie, Höchster,
Und kein Mensch ist wert, Dich zu nennen.
Gepriesen seist Du, o Herr, mit allen Deinen Geschöpfen,
Vornehmlich mit unserem Herrn Bruder, dem Sonnengestirn,
Welches den Tag schafft und uns erleuchtet durch ihn.
Es ist schön und strahlend mit großen Glanze,
Ein Gleichnis Deiner, o Höchster.
Gepriesen seist Du, o Herr, durch Schwester Mond und die Sterne,
Du hast sie am Himmel gebildet helle, köstlich und schön.
Gepriesen seist Du, o Herr, durch den Wind, unseren Bruder,
Auch durch die Luft und durch die Wolken und heitere und jegliche Witterung,
Durch welche Du Deinen Geschöpfen Erhaltung gewährt.
Gepriesen seist Du, o Herr, durch unsere Schwester, das Wasser;
Sehr nützlich ist es, demütig, kostbar und keusch.
Gepriesen seist Du, o Herr, durch unseren Bruder, das Feuer,
Durch welches Du die Nacht helle machst;
Schön ist es und freudespendend, stark und gewaltig.
Gepriesen seist Du, o Herr, durch unsere Schwester und Mutter Erde,
Die uns erhält und regiert
Und mannigfache Früchte hervorbringt und bunte Blumen und Kräuter.
Gepriesen seist Du, o Herr, durch die, welche um Deiner Liebe
willen Verzeihung üben
Und Leid und Trübsal erdulden.
Selig, die im Frieden weilen;
Denn von Dir, Höchster, werden sie die Krone empfangen.
Gepriesen seist Du, o Herr, durch unseren Bruder, den leiblichen Tod,
Welchem kein Lebender mag entrinnen.
Wehe über die, welche in Todsünde sterben!
Selig die, welche der Tod in Deinen Willen ergeben findet,
Denn der zweite Tod wird ihnen kein Leides tun.
Lobet und preiset den Herrn und danket ihm,
Dienet ihm mit großer Demut!

(Fonti Francescane Nr. 263)

DIE LOBESÄNGE AN DEN HÖCHSTEN GOTT

Du bist heilig, Herr, einziger Gott,
Der Du große Dinge vollbringst.
Du bist stark. Du bist groß. Du bist der Höchste.
Du bist der allmächtige König. Du bist der HeiligeVater,
König des Himmels und der Erden.
Du bist dreieinig, Herr, Gott der Götter.
Du bist das Gute, all das Gute, das höchste Gute.
Herr, lebendiger und wahrer Gott.
Du bist Liebe, Barmherzigkeit. Du bist Weisheit.
Du bist Demut. Du bist Geduld.
Du bist Schönheit. Du bist Sicherheit. Du bist der Frieden.
Du bist Freude und Seligkeit. Du bist unsere Hoffnung.
Du bist Gerechtigkeit. Du bist Mäßigkeit.
Du bist unser ganzer Reichtum.
Du bist Schönheit. Du bist Sanftmut. Du bist der Beschützer.
Du bist unser Wächter und Verteidiger.
Du bist Stärke. Du bist Schutz.
Du bist unsere Hoffnung. Du bist unser Glauben.
Du bist unsere Barmherzigkeit. Du bist unsere Sanftmut.
Du bist unser ewiges Leben, groß und wunderbar
Herr, allmächtiger Gott, barmherziger Retter.

(Fonti Francescane, Nr. 261)

KOMMENTAR ZUM «VATER UNSER»

Heiligster Vater unser: *Schöpfer, Erlöser, Tröster und unser Retter.*

Der Du bist im Himmel: *in den Engeln und in den Heiligen, die Du erleuchtest, um zu zeigen, daß Du, Herr, das Licht bist; die Du entflammen läßt zu lieben, denn Du, Herr, bist Liebe; Du wohnst in ihnen, Fülle ihrer Freude, denn Du, Herr, bist das höchste Gute, Ewige, von dem alles Gute kommt, und ohne das es nichts Gutes gibt.*

Geheiligt sei Dein Name: *die Erkenntnis Deiner sei größer in uns, damit wir die Größe Deiner Wohltaten erkennen, das Ausmaß Deiner Versprechen, den Gipfel Deiner Meisterschaft und die Gründlichkeit Deiner Urteile.*

Dein Reich komme: *damit Du in uns mittels Deiner Gnade regierst und uns in Dein Reich kommen läßt, wo es von Dir eine Vision ohne Schatten, eine perfekte Liebe, eine glückliche Vereinigung und eine Freude ohne Ende gibt.*

Dein Wille geschehe wie im Himmel so auch auf Erden: *damit wir Dich aus ganzem Herzen lieben und immer an Dich denken; aus ganzer Seele, immer Dich erflehend; mit unserem ganzen Geist, immer unsere Absichten auf Dich lenkend und in jedem Ding auf der Suche nach Deiner Ehre. Und mit all unseren Kräften indem wir unsere gesamten Energien und unsere Empfindsamkeit der Seele und des Körpers nur in den Dienst Deiner Liebe und nichts anderes stellen; und damit wir unseren Nächsten wie uns selbst lieben, und Alle mit all unserer Kraft Deiner Liebe zuführen, und uns an den Gütern anderer freuen wie an unseren, und sie in ihrem Unglück bemitleiden und niemanden beleidigen.*

Gib uns unser tägliches Brot heute: *Dein auserwählter Sohn, unser Herr Jesus Christus,* gibt uns heute: *in Erinnerung und ehrfurchtsvollem Verständnis der Liebe, die er für uns empfand und all dessen, was er zu uns sagte, tat und für uns litt.*

Und vergib uns unsere Schuld: *für Deine unaussprechliche Barmherzigkeit, in Gedenken an das Leiden Deines Sohnes und für die Fürsprache und Verdienste der Heiligen Jungfrau Maria und all ihren Heiligen.*

So wie wir vergeben unseren Schuldigern: *und das, was wir nicht völlig verzeihen können, gib, Du, Herr, daß wir es ganz verzeihen, sodaß wir unsere Feinde wirklich lieben können, und wir bei Dir für sie demütig bitten können, und daß niemand Schlechtes mit Schlechtem vergelte, und Allen durch Dich geholfen werde.*

Und führe uns nicht in Versuchung: *versteckt oder bewußt, plötzlich oder nicht existent.*

Und erlöse uns von dem Bösen: *vergangenem, gegenwärtigen und zukünftigen. Amen.*

(Fonti Francescane Nr. 266-274)

INHALT